십대, 뭐 하면서 살 거야?

십대, 뭐 하면서 살 거야?

양지열 지음

특별한서재

차례

작가의 말

　혹시 생각해본 적 있나요? 우리가 편의점에서 물건을 살 때, 왜 돈을 낸 후에 물건을 가져갈 수 있는지 말이에요. 미리 백만 원쯤 맡겨두고 필요한 물건이 있을 때마다 찾아가거나, 반대로 물건 값이 백만 원쯤 쌓였을 때 한꺼번에 치르는 게 아니라요. 바로 '매매'라는 행위를 할 때는 돈을 내고 물건을 사도록 법으로 정해두었기 때문입니다. 의식하지 못했을 뿐, 우리의 경제활동은 모두 법에 따라 이루어지고 있는 거예요. 경제활동은 모두 법과 제도가 탄탄하게 뒷받침하지 않는다면 이루어지기 힘듭니다.

　이때, 법과 제도란 사람들이 다양한 형태의 거래를 할 때 어떤 방식으로 해야 하는지, 돈이 잘 흐를 수 있도록 정리해주는 교통신호와 같은 역할을 하는 것이시요. 그러니까 법이 이떤 식으로 사회의 틀을 만들어놓았는지 아는 것은 다른 사람들과 경제활동을 어떻게 하는지 아는 것과 같습니다.

　사회에서는 간단한 법을 몰라 곤경을 겪는 일이 흔하게 벌어짐니다. 계약서에 도장 한번 잘못 찍었다가 큰돈을 잃거나, 별일 아니라고 생각한 일 때문에 감옥에 갈 수도 있지요.

그래서 이 책을 통해 법의 큰 틀을 알려드리려고 했습니다. 날마다 빠르게 변하고 있는 세상이지만 쉽게 변하지 않는 원칙들이 있고, 그게 바로 법이거든요.

물론 사회에 처음 발을 뗄 때부터 모든 걸 알고 있을 수는 없겠지요. 자칫 발을 잘못 디뎌 엉뚱한 수렁에 빠질 수도 있습니다. 그래서 법도 다양한 안전장치들을 마련하고 있습니다.

『십대, 뭐 하면서 살 거야?』에서는 그중에서도 근로자 보호에 관한 내용들을 자세히 다루려 했습니다. 누군가에게 노동력을 제공하고 임금을 받는 근로자는 가장 많은 사람들이 가장 먼저 접하는 경제활동이기 때문입니다. 청소년들 역시 아르바이트라는 이름으로 근로자로서 일을 하기도 하고요.

법이 안전장치를 마련해뒀다고 하더라도, 자신이 어떤 보호를 받을 수 있는지조차 모른다면 실제로 피해를 입었을 때 누구도 탓할 수 없을 것입니다. 아무쪼록 법이 보장하는 틀 안에서, 법의 보호를 제대로 받으면서, 이다음에 돈 많이 벌기를 바랍니다.

2020년 6월 양지열

자유로운 계약

"이제 서로 약속한 대로 잘 지키는 일만 남았네요. 최선을 다해 따님을 스타로 만들어드리겠습니다!"

"솔직히 뭐가 뭔지 아직도 어리둥절해요. 그냥 하던 공부나 열심히 해줬으면 하는 마음인데……. 학생회장까지 하던 애가 난데없이 오디션은 뭐고 연습생 계약은 뭔지. 믿고 맡기는 거니까 그저 자식 키우는 부모 마음 잘 헤아려주기만 바랄 뿐이에요, 실장님!"

"무슨 말씀인지 잘 압니다. 이런저런 걱정스러운 이야기도 많이 들으셨을 테니까요. 하지만 저희 회사는 여태 어떤 불미스러운 일도 없었어요. 게다가 변호사님까지 함께 와서 계약서 검토하셨잖아요, 하하. 충분히 다 살펴보고 원하는 부분도 반영해드린 거 맞지요, 변호사님?"

김 변호사는 미소 띤 얼굴로 고개를 끄덕였다. 크게 불리한 내용은 눈에 띄지 않았지만 모든 조항을 꼼꼼하게 살폈다. 이런저런 경우의 수를 따져보고 불공평할 가능성이 있는 내용을 발견하면 수

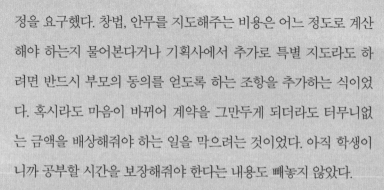

정을 요구했다. 창법, 안무를 지도해주는 비용은 어느 정도로 계산 해야 하는지 물어본다거나 기획사에서 추가로 특별 지도라도 하 려면 반드시 부모의 동의를 얻도록 하는 조항을 추가하는 식이었 다. 혹시라도 마음이 바뀌어 계약을 그만두게 되더라도 터무니없 는 금액을 배상해줘야 하는 일을 막으려는 것이었다. 아직 학생이 니까 공부할 시간을 보장해줘야 한다는 내용도 빼놓지 않았다.

"충분하네요. 양쪽 모두 날인하시면 됩니다."

담당 실장과 부모님이 도장을 찍는 동안 김 변호사는 여유 있게 회의실을 둘러봤다. 연예 기획사답게 한쪽 벽에는 TV에서 자주 보았던 눈에 익은 이들의 사진이 걸려 있었다. 모두 화사한 화장과 옷차림으로 환하게 웃고 있었다. 오늘의 의뢰인의 사진도 몇 년 뒤 저 벽에 함께 걸려 있었으면 하는 생각이 들었다. 그렇게 되면 더 큰 고객으로 만날 수도 있을 것이라는 생각과 함께.

믿고 사는 세상을 만드는 계약

1장의 키워드

#민법

#전형계약

#계약자유의원칙

#소유권절대의원칙

과실책임의원칙

제일중학교의 아침이 평소보다 몇 배는 더 소란스러웠다. 학생 회장 언니가 아이돌 연습생이 되었다는 소식이 파도처럼 학교를 덮쳤다. 아이들이 이리저리 떠밀려 다니며 온갖 이야기를 실어 나르고 있었다. TV에서나 보았던 아이돌 연습생이 주변에서 나왔으니 그럴 만하기는 했다. 부럽다는 반응이 압도적인 가운데, 인기 연예인 누구랑 닮았다거나, 어떤 분야에 잘 어울릴 것 같다는 추측까지 온갖 이야기들이 나돌았다. 평소 그런 주제에 별 관심이 없던 시연이조차 무시하고 넘어갈 수 없을 정도였다. 그런데 정작 귀가 번뜩 뜨이는 소식은 집에서 기다리고 있었다.

"엄마, 우리 아파트 15층에 사는 언니 알지? 학생회장 언니 말이야."

"응. 안 그래도 그 집 엄마가 조금 전에 다녀갔다. 그 케이크, 아주머니가 주고 가신 거야. 이런 거 받아도 되는지 모르겠네. 그냥 해준 것도 아니고 비용도 받았다던데. 걔는 뭐 그런 걸 돈을 받고 그런다니. 이럴 때 누나 체면 좀 세워주면 어디가 덧나나? 하기는 찬밥, 더운밥 가릴 처지가 아니겠지. 그러게 로펌은 왜 그만둬가지고."

"무슨 소리야? 삼촌이 거기서 왜 나와?"

"네 삼촌이나 그 언니나 마찬가지잖아. 걔도 공부도 곧잘 했다던데. 글쎄, 엄마 아빠한테는 말 한마디 안 하고 오디션 보러 다니다 덜컥 합격한 거라지 뭐니. 넌 그러면 안 된다. 걔네 엄마는 걱정이 이만저만 아니던데."

"아니, 정리 좀 해줘. 그러니까 엄마는 그 언니에 대해 알고 있었던 거야?"

엄마는 그제야 냉장고를 뒤적이던 걸 멈추고 시연이를 쳐다봤다.

"그 언니네 엄마가 뭘 어떻게 해야 할지 모르겠다면서 하도 걱정하기에 삼촌을 소개해줬지. 그래서 삼촌이 어제 기획사에 함께 가서 연습생 계약서인지 뭔지 작성하는 거 도와줬다고 하더라고. 너 갑자기 어디 가? 케이크 마저 먹고 가!"

"오늘 수학 학원 가는 날이잖아. 숙제 다 못해서 일찍 가려고!"

삼촌, 그러니까 시연이 엄마의 남동생은 변호사다. 변호사 시험에 합격한 후 제법 규모가 있는 로펌에 취업해 몇 년은 얼굴 보기 힘들 정도로 바쁘게 일했다. 대신 연봉을 꽤 많이 받아서 시연이에게는 아주 반가운 존재였다. 볼 때마다 지갑에서 잡히는 대로 지폐를 꺼내 시연이 손에 쥐여주곤 했으니까. 그런데 어느 날 갑자기 독립을 선언하고 회사를 나온 것이었다. 게다가 변호사 사무실이 많이 모인 법원 주변도 아니고, 시연이네 아파트 근처 상가 2층에 간판을 내걸었다. '예방법률 사무소 - 변호사 직접 상담'이라는 문구가 걸린, 아리송한 사무실이었다.

삼촌은 로펌에서 몇 년 동안 소송을 하면서 깨달은 것이 있다고 했다. 사람들이 중요한 거래나 계약 같은 걸 진행하기 전에 법적으로 문제가 있는지 조금만 검토를 한다면 충분히 분쟁을 피할 수 있다는 것이었다. 설령 분쟁이 생긴다고 하더라도 초기에 적절한 대응을 하면 조금이라도 피해를 줄일 수 있다고 했다. 그것이 '예방법률'이라고 했다. 대규모 아파트 단지가 있고, 상가들이 밀집해 있는 곳에 사무실을 연 것도 그 이유였다. 게다가 그 핑계로 아예 시연이네로 들어와 살기 시작했다. 시연이 엄마는 얼른 결혼이나 하라며 펄쩍 뛰며 반대했다. 하지만 아빠와 함께 술에 잔뜩 취해 들어온 다음 날부터, 안 쓰는 운동기구들이 모여 있던 방은 삼촌 방이 됐다.

삼촌 나름의 비즈니스 모델은 있었다. 소상공인들도 거래처나 고객들, 혹은 직원들과의 관계에서 이런저런 갈등이 생기기 마련이다. 하지만 법률상담을 받고 싶어도 웬만한 변호사 사무실은 법원 근처에 몰려 있어 괜한 부담감 때문에 찾아갈 엄두를 못 낸다는 것이다. 게다가 대부분의 변호사 사무실은 분쟁이 깊어져 소송까지 이르렀을 때 일을 맡는 곳이라 일상적인 상담을 하기에는 적

합하지 않았다. 대기업이라면 무리가 없었겠지만 그럴 만한 규모가 못 되는 소상공인들에게 법률 서비스를 제공하겠다는 것이었다. 그러니까 '대학병원'이 아니라 '동네의원' 같은 변호사 사무실을 차린 것이었다. 나름 그럴 듯한 계획을 세우고 출발한 모양이었다. 다만 문을 연 지 얼마 안 되어서인지 지금은 명함을 돌리러 다니는 일이 더 바쁘긴 했지만 말이다.

그래도 시연이에게 삼촌은 여전히 고마운 존재였다. 시연이가 다니는 학원이 삼촌 사무실이 있는 상가에 있었기 때문이었다. 손님이 없어 텅 빈 사무실, 큼지막한 회의실 책상은 독서실 대신으로 딱이었다. 냉장고에는 손님맞이용 음료수까지 늘 준비돼 있었다. 시연이는 삼촌을 만나기 위해 발걸음을 재촉했다. 도대체 아이돌 연습생 계약이란 게 뭐기에 변호사인 삼촌이 그 자리에 간 건지, 그곳에서 유명한 연예인이라도 만난 건 아닌지 온갖 것들이 궁금했다.

"김 변, 김 변호사!"

시연이가 벌컥 사무실 문을 열며 장난기 섞인 말투로 삼촌을 불렀다. 평소 워낙 가깝게 지내기 때문이었다. 여느 때처럼 빈 사무실에 혼자 있을 거라 여겼던 삼촌은 뜻밖에도 처음 보는 여자와 함께였다. 호리호리하고 세련된 맵시를 지닌 그 여자는 분명 학생

은 아닌 것 같아 보였는데도 '언니'라고 불러도 좋을
만큼 앳돼 보였다.

예상치 못한 광경에 살짝 당황한 시연이가 엉거주
춤 문 앞에 서 있었다. 그런데 왜인지 삼촌 역시 시연
이만큼 당황해하고 있었다. 게다가 변명처럼 늘어놓
는 말들이 수상하기 짝이 없었다.

"아, 조카예요! 그러니까 누나의 딸인데, 제가 지금 누나네서 살
고 있거든요. 중학생인데 아직 버릇이 좀 없어서. 어휴, 안쪽에서
잠깐 기다리렴."

"아뇨. 바쁘신 모양인데 시간 너무 많이 빼앗으면 안 되죠. 다시
뵐 일이 있으면 좋겠네요."

자리에서 일어난 그녀는 시연이에게도 환한 웃음으로 고개를
숙이곤 사무실을 나갔다. 밝은 표정 덕분인지 삼촌 때문에 살짝 빈
정이 상해 있던 시연이 마음도 풀어졌다.

"누구야?"

"누구긴, 상담하러 들른 분이지. 야, 그리고 넌 삼촌한테 김 변이
뭐야? 창피하게."

"뭐야, 하루 이틀 그런 것도 아닌데 새삼스럽게 왜 그래? 이상하
다, 삼촌! 아무튼 지금 그런 게 중요한 게 아니잖아. 어떻게 나한테
그럴 수가 있어? 15층 언니 연습생 계약하는 데 같이 갔다면서?

그러니까 연예 기획사에 갔던 거야? 응?"

"웬 호들갑인가 했더니 그게 궁금했구나. 어린 친구가 제법 야무지던데? 막연하게 연예인을 동경한 게 아니라 자기 재능을 잘 따져보고, 자기한테 잘 맞는 기획사들을 찾아 여기저기 오디션을 봤던 모양이야. 부모님은 전혀 모르고 있었는데, 갑자기 합격을 하고 계약을 해야 한다니까 당황하셨던 거지. 계약은 잘 끝났어."

"그건 나도 들었는데, 거기 삼촌이 왜 갔냐고? 아이돌에 대해 삼촌이 뭘 안다고. 아는 아이돌 그룹이 있기는 해?"

따지듯이 묻는 시연이를 삼촌은 재미있다는 듯이 바라보며 천천히 입을 뗐다.

"시연이는 연예인들의 화려한 모습만 보는구나. 그런데 있지. 우리나라 음원시장 규모만 1조 원이 넘는다고 해. 음원 판매는 빙산의 일각일 뿐이지. 아이돌로 시작해 예능 프로그램에 진출하고, 연기자로 변신하기도 하잖아. BTS처럼 세계적인 스타로 성장하면 경제적 가치가 수조 원에 이를걸? 어지간한 기업체 못지않을 정도지. 그런 커다란 가능성의 첫발을 내딛는데 '예방법률'을 표방하는 삼촌이 꼭 필요하지 않겠니? 하하."

조금은 재수 없을 만큼 잘난 척을 떨면서, 삼촌은 기획사와 체결한 계약에 대해 들려줬다. 연습생을 뽑은 다음 기획사는 노래와 춤은 물론이고 연기, 화장이나 의상 스타일을 어떻게 하는 것인지를 가르친다고 했다. 그러기 위해 각 분야의 전문가들을 고용해야 한다. 연습할 만한 공간을 확보하고 있어야 하는 것은 물론이다. 데뷔할 때까지 최소한 2, 3년 이상이 걸리는 만큼 큰돈을 들여 투자하는 것이다. 연습생이 된다는 건 그런 기회를 제공받을 '권리'를 얻는 것이다.

"대신 기획사도 바라는 것이 있겠지? 일단은 회사에서 이끄는 대로 연습생이 잘 따라줘야겠지. 그러니까 권리와 동시에 '의무'가 생기는 셈이야. 더욱 중요한 건 그다음이지. 어느 정도 실력을 갖추면 연습생 꼬리표를 떼고 아이돌로 데뷔할 때가 오잖아. 기획사로서는 그때까지 투자한 대가를 거두려고 할 거야."

그런데 만약 그 시점에 연습생이 다른 기획사로 옮기거나 하면 먼저 투자했던 기획사는 결과적으로 손해만 입게 된다는 것이었다. 그걸 막기 위해 일정한 기간 동안은 자신들과 함께 일을 하는 걸로 처음부터 약속을 맺는다는 것이다. 하지만 10년이고, 20년이고 무작정 긴 기간을 정해 놓으면 연습생에게 손해가 될 수 있다. 다른 방향으로 활동해볼 기회를 갖지 못하기 때문이다. 그렇기 때문에 양쪽 입장을 절충한 기간으로 계약해야 한다는 것이다. 혹은 이런저런 이유로 연예인이 되는 꿈을 중간에 포기할 수도 있다. 이러한 경우에도 마찬가지로 기획사는 그때까지 투자한 비용을 돌려받으려 할 것이다. 그렇지만 그 비용이 너무 크면 그만두고 싶어도 배상해야 할 돈이 부담스러워 그만둘 수 없을 것이다. 그래서 대략적인 금액을 미리 정해 놓을 필요가 있다는 것이다. 어느 한쪽에 치우치지 않도록, 특히 상대적으로 힘이 센 기획사에게만 유리하지 않도록 삼촌이 계약 내용을 정하도록 도왔다는 말이었다.

"계약이란 그렇게 서로 일정한 권리와 의무를 지는 약속을 하는 거야. 일상생활에서의 법이란 그런 약속이 잘 지켜질 수 있도록 돕는 거지. 친구들끼리 학교 끝나고 떡볶이 먹으러 가자고 하는 약속과는 달라. 무엇보다 법원에 갈 수 있다는 게 차이점이지. 지키지 않으면 강제로라도 약속대로 실행시켜달라고 하거나, 대신 돈으로라도 손해배상을 해달라고 할 수 있는 거야."

가만히 듣고 있던 시연이가 뭔가 대단한 걸 깨닫기라도 한 것처럼 삼촌에게 물었다.

"뭐야, 그러니까 아이돌 연습생 계약을 어떻게 해야 하는지도 법전에 써 있는 거야? 로스쿨에서 그런 것까지 배우는 거야?"

삼촌의 눈이 동그래지더니 낄낄거리며 웃음을 터뜨렸다. 하지만 이내 진지한 표정으로 목소리를 가다듬었다.

"웃어서 미안. 사람들은 날마다 정말 여러 가지 종류의 계약을 맺거든. 사회가 복잡해지면서 예전엔 없던 일들이 계속 생기니까, 그때마다 새로운 계약도 만들어지고. 하지만 법전에 그걸 다 적어 놓을 수는 없잖아. 어떤 학교도 그걸 모조리 가르쳐줄 수는 없지.

그런데 사실 어른들도 시연이랑 비슷한 질문들을 자주 해. 이러저러한 계약을 맺으려고 하는데 도대체 계약서는 어떻게 써야 하느냐고. 법은 어떻게 돼 있냐면 말이지, 하고 싶은 대로 하라고 해."

"마음대로 하라고? 그게 무슨 소리야. 법이라면 모름지기 이러쿵저러쿵 이건 되고 저건 안 되고, 그런 잔소리들을 써놓은 거 아냐?"

"많이들 그렇게 오해하지만 오히려 그 반대야. 물건이나 서비스를 주고받을 수 있도록 자유롭게 계약을 맺고, 그 결과 얻은 물건이나 돈을 가질 수 있고, 대신에 실수로라도 계약을 지키지 못하면 상대방이 입은 손해에 대해 책임을 져야 한다. 이게 원칙이야."

사람들의 재산관계에 관한 내용을 다룬 것이 민법인데, 그 민법의 가장 큰 원칙이라는 것이었다. 하지만 시연이는 언뜻 이해하기 어려웠다. 마음대로 하라면서 그걸 굳이 법으로 정해놓았다는 게 뭔가 앞뒤가 맞지 않게 여겨졌다. 삼촌은 시연이의 머릿속을 읽었다는 듯이 설명을 이어갔다.

"역사 시간에 배웠을 거야. 예전에는 태어난 계급에 따라 하는 일이 정해져 있었잖아. 농민의 자식들은 농사를 지어야 하고 양반으로 태어나면 벼슬자리에 올라 출세할 수 있었고 말이지. 그런 시대와 비교하면 자유롭게 계약을 맺을 수 있다는 게 어떤 뜻인지 쉽게 이해가 가지 않니? 산업혁명으로 대량생산이 가능해졌고, 그렇게 만들어진 물건들을 서로 자유롭게 주고받을 수 있도록 법이 뒷받침하면서 세상이 달라진 거야."

더 이상 정해진 직업에 따라 정해진 물건을 만들거나 국가에서 허락하는 만큼만 가지지 않아도 되었다. 자유롭게 물건이나 서비스를 주고받고, 거기에 따른 이익을 얻을 수 있게 되자 사람들은 과학기술을 더욱 발전시키고 전에 없던 물건들을 만들어내는 등 훨씬 의욕적으로 사회를 바꿔갔다는 것이었다. 남들보다 편하고 좋은 물건을 만들어 시장에 내놓으면, 큰돈을 벌 수 있다는 동기부여가 오늘날의 세상을 만들었다는 말이었다.

"시연이가 밤낮으로 끼고 사는 스마트폰도 따지고 보면 그렇게 만들어진 거지. 동영상이나 음악을 즐길 수 있는 서비스도 마찬가지고 말이야. 그걸 통해 이익을 얻을 수 있으니까 더욱 노력하는 거야. 사람들의 욕심을 좋은 쪽으로 발휘하게 만든 거야. 자유시장경제라는 말은 들어봤지? 그 바탕에는 경제활동을 자유롭게 할 수 있도록 뒷받침해준 법이 있는 거야."

이야기를 듣던 시연이의 표정이 복잡해졌다. 시연이의 온갖 장난에 넘어가주고, 아빠랑 술 자주 먹는다고 엄마한테 구박받던 삼촌이 오늘은 낯설어 보였다. 왠지 갑자기 엄청 똑똑해 보이는 것이었다.

"좋아. 자유롭게 계약할 수 있다는 건 알겠어. 하지만 뭐가 됐든 내용은 있어야 할 거 아냐? 그냥 그런 원칙만 정해져 있으면 끝이야? 그거 배우러 3년이나 로스쿨 다녔어? 등록금도 엄청 비싸다더만."

"오호, 제법인데! 맞아. 외부로부터 어떤 간섭이나 강요를 받지 않아도 된다는 뜻에서 자유라고 이름을 붙였지만, 그걸 어떻게 누리느냐는 또 다른 문제니까. 자유의 내용이라고 해야겠지. 계약을 할 것이냐 말 것이냐, 누구와 할 것이냐, 어떤 내용으로 할 것이냐, 어떤 방식으로 할 것이냐, 이런 것들이 자유의 내용이야."

"그러니까 그 내용을 도대체 삼촌이 어떻게 아냐고? 어디 아는 아이돌 그룹 노래 하나만 말해봐."

"얘가 아주 억지를 부리네. 크으, 좋다. 뭔가 혼동하고 있는 모양인데, 물론 아이돌에 대해 잘 알면 좋겠지. 하지만 계약을 체결하는 건 다른 문제야. 계약이란 보통 양쪽이 서로 원하는 일이 있고 그게 서로 맞아 떨어질 때 하는 거거든. 그럼 일단 서로 바라는 목적이 뭔지 정확하게 밝히고 그걸 달성하기 위해 필요한 내용들을 정하면 되는 거야. 연습생의 목적이 뭐야? 아이돌로 데뷔하는 거잖아. 제일 먼저 그걸 적는 거야. 그다음부터는 목적을 달성하기 위한 방법을 하나씩 정하는 거지. 기획사는 기획사대로 연습을 얼마나, 어떻게 시키겠다고 하는 거고, 연습생 역시 바라는 게 있을 테고. 그 내용에 서로 동의하고 승낙을 하면 그게 계약이야. 중요한 건 각자 원하는 바가 얼마나 정확하고 구체적으로 제시하는가,

하는 거야."

여기까지 설명하던 삼촌은 잠시 말을 멈추고 뭔가를 생각하더니 커피를 예로 들었다.

"친구들이랑 종종 별다방 가지? 몰랐겠지만 그곳에서 시연이는 커피에 관한 매매계약을 체결하고 이행하는 거야. 직원에게 그냥 맛있는 커피 한 잔 달라고 말하지 않지? 전에 보니 제법 까다롭더구먼. 카페라테인데 무지방 우유를 쓰고 시럽은 빼달라, 머그컵에 담아주고, 사이즈는 보통으로 해달라는 식으로 콕 집어 구체적으로 이야기하더라. 계약도 마찬가지야. 그런 식으로 요구 사항을 정확하게 정해 상대방에게 요청하는 거야. 직원이 그렇게 줄 수 있다고 고개를 끄덕이면 카페라테에 대한 매매계약이 체결된 거야. 계약은 꼭 서류로만 이루어지는 게 아니거든. 말로 하는 구두계약도 가능하지. 그다음은 계약을 이행하는 일이 남았지. 주문을 한 시연이에게는 돈을 내야 하는 의무가 있어. 직원은 돈을 받을 권리가 생긴 거고. 반대로 직원은 카페라테를 줘야 하고, 시연이는 그걸 받을 수 있지. 이게 바로 계약에 따른 권리와 의무야. 권리와 의무가 모두 이행된 다음, 그러니까 돈을 주고 커피를 받은 다음에는 이제 시연이가 그 커피의 주인이야. 마시든지 삼촌에게 가져다주든지 마음대로 할 수 있는 거야. 만약 직원이 다 만든 커피를 시연이에게 주기 전에 바닥에 쏟았다고 치자. 계약이 다 이루어지기 전이니까 별다방이 손해를 메워야 하는 거야. 새로 만들어줘야겠지. 아까 말한 민법의 원칙들이 이런 식으로 적용되고 있는 거야. 원래부터 그러려니 하면서 당연하게 받아들여서 몰랐겠지만, 시연이가 살고 있는 세상은 수많은 계약들로 이루어져 있어. 커피를 별다방 안에서 마실 수 있는 건 커피에 대한 매매계약과 함께 카페 공간을 이용하는 단기 임대차계약을 체결한 것이라고 볼 수 있지."

시연은 말문이 막혔다. 한 번도 그런 식으로 생각해본 적은 없었다. 계약이고 어쩌고 하는 건 어른들의 일이라고만 여겼다. 친구들이랑 수다 떨려고 갔던 카페인데 매매계약이니, 단기 임대차계약이라니. 그렇게 따지면 부모님께 용돈 받아쓰는 온갖 일들이 다 무슨 무슨 계약이라는 소리였다. 시연이의 멍한 표정에 삼촌은 더욱 신이 난 모양이었다.

"나중에 어른이 되면 훨씬 복잡한 계약을 체결하느라 계약서를 써야 할 일이 있을 거야. 그때 삼촌 이야기를 잘 떠올리면서 하나하나 꼼꼼히 하면 돼. 어려운 말이라고 대충 넘어가서 손해 보는 일을 겪는 거거든. 사실 요즘은 인터넷 검색으로 샘플들을 쉽게 찾을 수 있어서 법률 전문가가 아니더라도 계약서 작성하는 일이 그렇게 어렵지는 않아. 비슷한 유형의 계약서를 찾아서 원하는 방향으로 수정하고, 빠진 내용을 보충하면 되거든."

삼촌은 평소 무시당했던 것에 대한 복수라도 하듯 연이어 설명을 쏟아냈다.

한편으로 자유로운 계약을 원칙으로 삼았지만 부작용도 있었다는 이야기도 곁들였다. 부와 자원을 독차지한 사람들이 자유라는 이름으로 불공정한 계약을 체결하는 일이었다. 대표적으로 자신들만 만들 수 있는 물건이라는 이유로 터무니없이 비싼 가격으로 파는 일 같은 것이었다. 심지어 많은 사람이 함께 나눠야 할 아름다운 자연마저 개인의 소유물로 삼기도 했다는 것이다. 그래서 법은 그런 일들이 벌어질 때마다 원칙을 존중하면서도 불공정한 결과를 막기 위한 장치들을 만들었다는 것이다. 자동차가 앞으로 나가기 위해 액셀러레이터가 있지만, 과속으로 사고가 나는 걸 막기 위한 브레이크 또한 필요한 것처럼 자유를 원칙으로 삼지만 복잡해 보이는 법률들이 만들어졌다는 것이다.

"그래서 누구나 법에 대해 어느 정도 알 필요가 있는 거야. 세상의 모든 경제활동을 뒷받침하는 게 법이니까. 법을 몰라서 스스로 불리한 계약을 체결하거나 하면 안 되잖아? 이 삼촌이 예방법률을 강조하는 것도 그래서야. 물론 모든 사람이 법률 전문가일 필요까지야 없지. 삼촌 같은 변호사가 있으니까. 하하하, 시연이는 얼마나 다행이냐? 이런 삼촌을 뒀으니 말이야……."

더 이상은 잠자코 들어줄 수가 없었다. 그대로 뒀다가는 끝도 없는 자랑으로 이어질 게 뻔했다.

"어어, 그래 알았어. 그러니까 계약이라는 약속을 통해 우리가 경제활동을 하면서 살아가고 있다, 이거 아냐. 약속 이야기가 나왔으니 말인데, 아까 그 여자 분이랑 약속은 했어?"

지레짐작으로 던져본 미끼였는데, 삼촌이 덜컥 물었다. 게다가 어쩐지 대어를 낚은 것 같았다. 순식간에 어리버리한 평소의 모습으로 돌아온 것이었다.

"아까 그분이라면, 그러니까 그, 클레어 씨 말이야? 그러니까…… 뭐 꼭 약속이라기보다 그냥 다시 보고 싶은, 아니 볼 수 있으면 좋겠다고! 아까 너도 그렇게 말하는 거 들었지?"

"뭐야, 왜 그렇게 버벅대? 말까지 더듬네? 언제부터 아는 사이인데?"

"아는 사이는 무슨……. 아까 처음 만난 건데."

"그래? 그런데 그렇게 얼굴이 활짝 피어서 이야기하고 있었단 말이지. 아주 좋아 죽겠다는 표정이더만!"

"얘가 도대체 무슨 소리를 하는 거야. 그런 거 아니야. 요 앞에 버스 정류장 있는 데 휴대폰 매장 있잖아. 거기에 꽃집을 열려고 한다는 거야. 확실한 건 아니지만. 그런데 미국에서 살다 와서 이런저런 걱정들이 있더라고. 우리나라 제도에 관해 잘 모르니까. 마침 변호사 사무실이 보이길래 들렀던 거지."

"그러니까 다시 볼 수 있을지 아닌지도 모르는 사람인데 그렇게 빠져 있었던 거야? 연락처는 알아? 이름만 덜렁 듣고 만 거야?”

　“야! 내가 뭘 빠져 있기는 뭘 빠져 있어. 연락처? 모르지. 아직 명함도 안 만들었다고 하더라고. 그러고 보니 진짜 다시 볼 수 있으려나…….”

　“에고, 멍충이!”

경제를 움직이는 계약들

오늘도 예방법률 사무소는 밤늦게까지 환하게 불이 켜져 있었다. 무슨 특별한 일이 있는 건 아니었다. 같은 건물에 있는 학원에서 수업을 들은 시연이가 6인용 회의실 탁자 위에 온갖 교재를 늘어놓고 머리를 쥐어뜯는 중이었다. 사무실 주인인 삼촌은 컴퓨터가 있는 책상으로 밀려나 재판 기록들을 넘겨보고 있었다. 전에 다니던 대형 로펌에서 받아온 일감이었다. 삼촌이 담당했던 사건들 중 결과가 좋았던 일들의 의뢰인들이 계속 삼촌을 찾은 덕분이었다. 로펌에서는 재판 업무에 필요한 사무 관리를 해주고, 대신 삼촌과 수익을 배분하기로 계약한 것이었다. 새로 시작한 사무실이 자리를 잡을 때까지 돈벌이가 필요했기 때문이다. 이래저래 고민이 많은 탓인지 시연이 보기에는 어쩐지 삼촌의 머리숱이 점점 줄어드는 것 같았다.

"김 변, 인상 좀 그만 쓰지? 머리카락 빠지고 이마에 주름까지 잡히면, 그대로 아저씨 되는 거 아냐?"

"이 사건 실마리를 어디서부터 풀어야 할지 모르겠네……. 야! 그리고 너 자꾸 삼촌한테 김 변, 김 변 그럴래? 그렇게 습관이 드니까 남들 앞에서까지 반말이 나오는 거 아냐!"

"김 변을 김 변이라고 하지 그럼 이 변이야? 그리고 내가 아무 때나 반말하지는 않잖아. 손님들 앞에서는 깍듯하게 '김 변호사님' 이라고 불러드리잖아. 딱 한 번, 며칠 전에 클레오파트라인가 하는 언니 있을 때는 모르고 그러기는 했지만…… 맞다! 그 언니한테 연락 왔어요, 삼촌님?"

"어쭈? 삼촌님? 어휴, 저걸 그냥. 클레오파트라가 아니라 클레어. 그리고 우리가 연락을 주고받을 사이는 아니잖아. 한 번 만난 것뿐인데."

"그러면서 '우리'는 또 뭐야? 혼자 무슨 상상을 하는 거야? 그나저나 삼촌도 참 딱하다. 그 좋은 나이에 데이트도 못하고 사무실에서 밤늦게까지 일이나 하고 있고. 엄마는 저 꼴을 보고도 나한테 변호사 하라는 소리가 나올까?"

"야, 이 녀석아. 누나가 밤에 너 혼자 두지 말라고 해서 같이 있어주느라 그런 거지. 삼촌이 마음만 먹으면 얼마든지 멋진 여자 만날 수 있거든!"

"네네, 그 마음 언제 잡수시는지 꼭 지켜볼게요. 하긴, 나도 한심하긴 마찬가지다. 도대체 우심방, 좌심실에 어떤 영양소가 흐르는지 알아서 어디에 쓰라는 거야. 삼촌, 그러지 말고 나 유튜버나 인플루언서 할까? 돈 엄청 많이 번다던데, 공부하는 것보다 낫지 않을까? 나 정도면 충분히 예쁘잖아!"

그 말을 들은 삼촌의 얼굴이 희한하게 일그러졌다. 입술을 이리 저리 씰룩거리는가 싶더니 급기야 사무실이 떠나가라 웃음을 터뜨렸다.

"푸하하하핫, 크크크크크…… 아이고, 나 좀 살려주라. 웃겨 죽겠다. 낄낄낄낄……."

"그만 좀 웃어, 삼촌! 웃자고 한 이야기를 죽자고 받아들인다, 이거지. 나 집에 갈래. 집에 왔을 때 뭐가 기다리고 있을지는 알아서 기대해."

좀처럼 웃음을 멈출 줄 모르던 삼촌 얼굴이 거짓말처럼 순식간에 굳었다. 시연이는 한 번 삐지면 무슨 일을 벌일지 몰랐다. 지난번엔 부모님이 잠들기를 기다렸다가 출입문 비밀번호를 바꿔버린 적도 있었다. 얹혀사는 와중에, 그것도 한밤중에 소란을 떨 수도 없었던지라 결국 사무실에서 자야 했다.

"아니, 아니 무슨 소리야. 재미있는, 그러니까 좋은 아이디어라서 그런 거야. 말 나온 김에 삼촌이랑 어떤 프로그램을 만들면 좋을지 한번 이야기해볼까? 삼촌이 또 유명 인플루언서를 상대로 소송을 한 적도 있다는 거 아니냐. 그 사람들이 어떻게 돈 버는지 잘 알거든. 어때?"

솔깃한 제안이었다. 별 생각 없이 꺼낸 이야기이긴 하지만 삼촌

말을 듣고 보니 새삼 궁금해졌다. 그저 구독자가 많으면 돈을 많이 번다더라, 정도만 막연하게 알고 있었던 참이다.

"그래, 좋아. 어디 한번 읊어봐!"

"하여튼 말하는 꼬라지하고는. 누가 들으면 삼촌하고 조카하고 뒤바뀐 줄 알겠다. 아냐, 아냐, 왜 일어나려고 하셔요? 말씀 올릴 테니 앉으셔요. 음, 무슨 이야기부터 시작할까……. 시연이도 짐작은 하겠지만 가장 기본은 눈길을 끌 만한 콘텐츠를 만든 다음에, 사람이 많이 모이면 그 콘텐츠에 광고가 붙어서 일정한 수익을 나눠 받을 수 있다는 거지. 예를 들자면 1천 명 이상 구독자가 모이고, 그 사람들이 4천 시간 이상 동영상을 보면, 그다음부터 광고를 붙여주고, 조회수에 따라 돈을 받는 거야. 한 번 볼 때마다 적게는 1원, 2원씩, 푼돈처럼 보이지만 구독자가 늘어나면 꽤 큰 금액이 모이는 거지."

"쳇, 그 정도야 나도 알지. 그러니까 어떻게 사람을 많이 모으느냐가 관건이잖아."

"그렇지. 보통은 그런 생각만 하기 마련이지. 그런데 시연아. 돈은 애초에 누가, 왜 주는 거지?"

"그거야, 유튜브처럼 콘텐츠를 올릴 수 있는 회사에서 주는 거잖아."

"아니지. 유튜브에 광고비를 주면서 제품을 광고하는 회사는 따로 있고, 유튜브는 그렇게 받은 돈을 나눠주는 거지. 여기에서부터 생각을 시작해야 하는 거야."

삼촌은 막연하게 인기를 끌 만한 콘텐츠부터 궁리하지 말고, '누가' '왜' 광고비를 쓰는지부터 연구해봐야 한다고 했다. 기업은 세상에 없던 새로운 제품, 있더라도 조금이라도 더 좋은 물건을 만들어 소비자들에게 판매하고 이익을 얻으려 한다는 뜻이었다. 그런데 세상에는 수많은 기업들이 있으며 무수하게 많은 상품들을 쏟아내고 있다. 그렇기 때문에 만들어낸 제품을 소비자들에게 알리는 일 역시 좋은 제품을 만드는 일 못지않게 중요할 수밖에 없다. 그래서 유튜브처럼 많은 사람들이 모이는 곳에 광고를 하고, 많은 사람들이 보는 콘텐츠를 만들어내는 사람에게 광고 비용의 일부를 나눠주는 것이었다.

"그런데 말이야. 무작정 사람을 많이 모으는 건 쉬운 일이 아니겠지. 효율을 높이기 위해서라도 어떤 사람들을 모을지 생각해볼 필요가 있어. 왜냐하면 기업은 같은 돈을 쓰더라도 조금이라도 효과가 높은 쪽을 선택하려고 할 테니까. 시연이 또래 중학생들이 즐겨 보는 콘텐츠가 있을 테고, 삼촌 같은 30대 남자들을 많이 끌어모으는 콘텐츠는 따로 있을 거야. 만약 자동차 회사라면 어디에 광고하고 싶겠냐?"

삼촌은 수요와 공급의 법칙에 대한 설명도 덧붙였다. 소비자들이 원하는 상품과 수량, 기업이 판매하려는 상품과 수량이 맞아 떨어지면서 가격이 정해진다는 말이었다. 즉, 소비자들이 많이 찾지만 공급할 수 있는 제품의 숫자가 적으면 가격이 올라가고, 그 반대일 때는 가격이 떨어지는 것이다. 그렇다면 수요와 공급이 아예 맞지 않으면 시장 자체가 생기지 않는 것이다. 아무도 찾지 않는 제품을 만들어내는 기업은 생존하기 어려운 것이다.

"그러니까 기왕이면 기업이 제품을 홍보하고 싶을 만한 사람들이 많이 보는 콘텐츠를 기획해야지. 기업을 소비자로 생각하라는 거야. 광고 수요가 있을 만한 콘텐츠를 공급해야 하지 않겠어? 시연이도 요즘 부쩍 멋을 부리고 싶어 하더라. 안 어울리게시리, 하하. 농담이야. 인상 쓰지 마라. 아무튼 옷을 잘 입는 방법이나 예쁘게 화장하는 법을 가르쳐줘서 인기를 끄는 유튜버가 있잖아. 시연이처럼 예뻐지고 싶어 하는 사람들이 많이들 관심 갖겠지? 그럼 그런 동영상에는 화장품, 의류 회사에서 광고를 넣고 싶어 하지 않겠냐? 더 나아가서 그 유튜버가 어떤 제품을 써봤더니 피부가 정말 좋아지더라, 이렇게 이야기하면 어떨까? 그 동영상을 본 사람이라면 제품을 직접 사서 써보고 싶어지겠지. 기업 입장에서는 어쩌면 단순히 TV 광고를 하는 것보다 훨씬 큰 효과를 볼 수도 있을 거야. 그래서 그런 사람들을 '영향력을 발휘한다'는 뜻에서 '인플루언서'라고 부르는 거야."

시연이 머릿속은 복잡해졌다. 막연하게 재미있는 뭔가를 만들어내거나 예쁜 얼굴을 비춰 사람들의 인기를 끌어 모으면 된다고 생각했는데 그것만으로는 부족하다는 것을 깨달았다.

"이 모든 건 연결돼 있는 거야. 사람들이 많이 관심을 보이는 분야라면 그런 관심을 충족시켜줄 제품에 대한 수요가 많다는 것이고, 그걸 맞추기 위한 공급도 그만큼 많아지겠고, 그래서 여러 가지 상품들이 쏟아져 나오면 이번엔 광고에 대한 수요가 올라가겠지? 기왕이면 그런 시장의 흐름을 알고 접근하면 좋지 않겠냐? 그러거나 말거나 내가 재미있는 걸 만들고 그냥 막연히 돈이 쏟아지길 기다리는 것보다는 말이야."

듣고 보니 그럴 듯했다. 대신 살짝 아쉽기도 했다. 공부하기 싫어 쉽게 돈 버는 길은 없나 하는 생각을 한 것인데, 인플루언서는 그렇지 못하다는 걸 알았으니까. 아무래도 전문적인 지식이나 정보를 가지고 있어야 사람들의 관심을 끌 만한 콘텐츠를 만들 수 있을 것 아닌가. 시연이가 즐겨보는 콘텐츠들만 해도 그랬다. 유명 가수들의 히트곡을 색다르게 편곡해 부르는 아마추어 가수도, 멋진 몸매의 비법을 소개하는 트레이너도, 유행에 발 맞춰 다양한 옷들을 입어 보이는 언니도. 생각해보면 그냥 할 수 있는 일이 아니었다. 하다못해 게임 좋아하는 친구들이 즐겨보는 게임 공략법 방송도 그냥 게임하고 놀면서 찍는 것은 아닐 것이다. 세상에 쉬운 일은 없다는 어른들 이야기가 거짓은 아닌 모양이었다. 그래도 희망(?)을 아주 버리기는 싫었다.

"김 변 이야기도 일리는 있는 것 같네. 그렇다고 치겠지만 꼭 그게 전부는 아니지 않아? 그래, 맞다. 삼촌, 박막례 할머니 들어봤지? 엄청 유명하잖아! 구글 사장님 초청으로 미국도 다녀왔다더라. 그 할머니 최고로 잘나가는 인플루언서야. 무슨 특별한 전문가가 아닌데도."

"알지, 나도. 그런데 시연이는 꼭 그러더라. 드러난 결과만 보고 부러워하는 거 말이야. 할머니가 어떻게 살아오셨는지도 알아? 40년 넘게 집안 살림을 혼자 책임지다시피 하면서 자식들 키워내셨더만. 엄청 고생하셨던 거지. 인생의 쓰고 단맛을 다 겪은 경험에서 우러나오는 말과 행동이니까 사람들이 보면서 울고 웃는 거지. 그어떤 전문적인 지식이나 정보보다 더 귀한 거니까. 시연이도 40년 정도 고생한 다음 인터넷 방송 만들어보든지, 하하. 그리고 삼촌이 보니까 할머니는 정말 중요한 미덕을 갖추고 계시더라."

"삼촌은 말을 해도 꼭 그렇게 해? 조카한테 40년씩 고생하란 말이 나오냐? 그나저나 뭐가 그렇게 중요한데?"

"바로 믿음이야, 믿음! 시연이 말마따나 할머니가 전문가는 아니지. 오히려 반대로 지극히 평범한 사람을 대표한다고 해야겠지? 그런데 할머니가 하는 말씀에는 믿음이 가거든. 방송에서 보여준

꾸밈없고 소탈한 모습 덕분인지 거짓말을 안 하실 것 같거든. 진짜 멋진 곳이라면 제대로 감탄하고, 그렇지 않으면 마구 푸념을 쏟아내잖아. 새 제품을 쓰면서도 좋으면 좋다, 싫으면 싫다 거침이 없잖아."

　그런 할머니가 맛있다는 음식이나 쓰기 편하다는 물건은 보는 사람으로 하여금 정말로 그럴 것이라고 믿게 만든다는 것이었다. 물론 상품을 협찬 받거나 돈을 받겠지만 그렇다고 거짓으로 칭찬을 늘어놓지는 않을 것처럼 여겨진다는 것이었다. 광고 모델로 유명 연예인을 쓰는 이유 역시 사람들에게 믿음을 얻기 위한 것이라고 했다. 익숙하고 편한 사람이 하는 말이라면 보다 쉽게 믿는 것이 사람 마음이기 때문이라는 것이었다.

　"인플루언서, 그러니까 영향력을 가진다는 것은 사람들이 믿고 따른다는 거잖아. 그러니까 그 믿음을 어떻게 얻느냐가 가장 중요한 요소인 셈이지. 그것도 한 번으로 끝나는 것이 아니라 꾸준하게 지켜져야 하고. 삼촌이 유명 인플루언서 상대로 소송을 한 적 있다고 했지? 사람들이 엄청 따른 덕분에 돈도 많이 벌었는데도 욕심을 너무 부린 나머지 돈을 받고 좋지 않은 상품을 거짓으로 추천한 거야. 그게 들통나면서 화가 난 소비자들이 집단으로 소송을 한 거야. 재판 결과를 떠나 다시는 영향력을 발휘할 수 없게 된 거지. 더 이상 무슨 이야기를 하더라도 사람들이 믿어주지 않을 테니까."

어차피 진지하게 꺼낸 이야기도 아니었지만 아무래도 당장 인
터넷 방송 같은 걸 하기는 어려울 듯했다. 이러쿵저러쿵 누군가에
게 알려줄 만한 거리도 없었고, 시연이에게 박막례 할머니처럼 깊
은 경험이 쌓였을 리도 만무했다. 그런데 삼촌의 입에서 뜻밖의 말
이 나왔다.

"그러고 보니 말이야. 삼촌도 유튜브 채널 하나 만들까? '김 변
의 예방법률 TV' 어떠냐? 사람들이 일상생활에서 쉽게 부딪히는
문제들을 다루면서 생활 속 법률 이야기를 하는 거지. 최소한 사무
실 홍보는 되지 않을까? 안녕하세요, 김 변입니다. 오늘은 우리 주
변에서 흔히 볼 수 있는 일들이 법적으로는 어떻게 이뤄지고 있는
지 알아볼까요? 여러분은 지금 어떤 일을 하고 있나요⋯⋯."

이번엔 시연이 얼굴이 일그러질 차례였다.

"푸하하하핫! 삼촌, 미쳤어? 거울은 안 보고 살아? 도대체 어떻
게 그 얼굴로 그런 생각을 할 수 있는 거야? 아이고, 너무 웃겨서
배가 다 아프네!"

"야, 내 얼굴이 어때서? 믿음이 팍팍 가는 얼굴 아니냐? 그리고
너 도대체 삼촌 이야기를 듣기나 한 거야? 얼굴로 먹고사는 게 아
니라고 했잖아. 그만 웃어!"

시연이는 그날의 해프닝이 그렇게 웃고 끝나는 줄로만 알았다.

수업 끝나는 대로 사무실로 와 달라는 삼촌의 메시지를 확인했을 때도 심심해서 그러려니 했다. 삼촌 혼자 있는 줄 알았던 사무실에서 말소리가 들렸어도, 갑자기 손님이 왔나 싶었다. 셀카봉을 들고 있는 삼촌 모습을 보면서도 휴가라도 가는 줄 알았다. 다 틀렸다.

"그렇게 해서 소박하지만 독립해서 사무실을 차린 겁니다. 걱정거리가 있으면 편하게 연락 주십시오. 김 변과 함께 따뜻한 차 한 잔 하시죠, 하하하."

삼촌은 셀카봉을 들지 않은 왼손으로 시연이에게 가까이 오지 말라는 몸짓을 하며 종잡을 수 없는 이야기를 마쳤다. 어색하기 짝이 없는 웃음소리와 가식적인 미소로 이야기를 마무리한 삼촌은 길게 한숨을 내뱉었다.

"후유, 이거 생각보다 쉽지 않구만. 어때? 그래도 깔끔하게 마무리 짓지 않았냐? 처음인데 이 정도면 뭐 방송인이지, 하하하. 안 그래?"

"도, 도대체 무슨 짓을 하고 있는 거야, 지금?"

시연이는 지금 막 눈 앞에서 벌어진 현실을 믿고 싶지 않았다. 설마…….

"지난번에 말했잖아. 오늘 유튜브 계정 만들고, 김 변 TV의 첫 영상으로 사무실 소개하는 영상을 찍었지. 처음부터 조회수가 폭발하면 어쩌지? 상담 예약이 너무 밀려들면 곤란한데."

"김 변, 미친 거 아니야? 그 얼굴로 무슨 밥을 먹고 살겠다고 그래! 안 된다고 했잖아, 내가."

"이 녀석이 보자보자 하니까. 삼촌한테 너무하는 거 아니냐? 그리고 조그만 녀석이 어떻게 된 게 입만 열면 맨날 돈, 돈 하는 거야. 공부나 열심히 할 것이지."

"삼촌님은 뉴스도 안 보십니까? 청년 실업이 얼마나 심각한데. 무슨 일을 할지 고민하지 않을 수 없는 게 이 시대 청년의 현실이야. 공부가 손에 안 잡힌다고. 지난번에 그랬잖아. 법이 자유시장 경제를 보장하고 사람들의 욕심을 좋은 쪽으로 발휘하게 해준 덕분에 인류가 이만큼 발전한 거라고. 무슨 일을 해서 돈을 벌어야 하는지 알아야 욕심도 생기고 공부할 맛도 나지."

삼촌은 말문이 막히는지 한동안 기가 막히다는 표정으로 입을 딱 벌리고 시연이를 바라보기만 했다.

"대단하다, 우리 조카. 공부하기 싫은 이유를 어떻게 그렇게 엮어내냐? 그러지 말고 로스쿨 가서 변호사 해라. 그렇게 변론하면 웬만한 변호사는 상대도 안 되겠다."

"변호사? 삼촌 보면 그다지 좋아 보이지도 않는데. 그런데 나 제법 진지해. 그러지 말고 제대로 추천해봐."

"삼촌도 변호사 이야기 그냥 한 거 아니야. 정말로 소질이 있어 보이거든. 삼촌보다 훨씬 잘할 것 같아. 그래, 진지하게 한번 생각해보자. 또 어떤 일이 어울릴까. 보통은 회사에서 일하면서 월급

받는 것만 떠올리기 쉽지만 세상에는 시연이가 막연하게 짐작하는 것보다 훨씬 다양한 일이 있거든. 아, 그래! 사람들은 재화와 서비스를 주고받으면서 이익을 얻는다고 했잖아. 시장경제에 관해 이야기했던 거 기억나지? 그걸 위해 계약을 체결하고. 그런 계약이 몇 가지나 될 거 같아?"

"글쎄. 일의 종류가 많은 만큼 엄청 많겠지. 그래서 로스쿨에서도 일일이 다 배울 수는 없다고 그랬잖아."

"오, 기억력도 좋은데? 맞아. 그런데 그건 하나하나 구체적인 계약을 말했던 거야. 막상 종류로 분류하면 그렇지 않아. 사람들이 경제활동을 하면서 자주 체결하는 계약을 전형계약이라고 부르거든. 15가지로 나눌 수 있어. 그리고 수없이 많아 보이는 일들 대부분 역시 그 15가지 종류에 들어가. 큰 틀을 먼저 알고 생각하면 도움이 될 거야."

삼촌은 먼저 사람의 노동력을 제공하는 것과 관련한 계약을 설명했다. 근로를 제공하고 임금을 받는 고용계약이 일이라고 할 때 가장 쉽게 떠올리는 계약이라는 것이다. 다양한 회사가 있지만 그 안에서 사용자와 근로자 사이의 관계는 모두 고용계약으로 이뤄진다는 것이었다. 그런가 하면 변호사인 삼촌처럼 소송 같은 다른 사람의 사무를 독립해서 처리해주는 위임, 인테리어 공사나 주문 제작하는 물건처럼 일정한 일을 완성시켜주는 도급, 여행객들을 안내하고 편의를 제공하는 여행, 물건을 맡아 보관해주는 임치, 그리고 어떤 특정한 일을 해내는 사람에게 대가를 지급하는 현상광고까지 모두 6가지가 있었다.

다음으로 재산을 주고받는 내용의 계약들이 있었다. 대표적인 것이 재산에 대한 권리를 넘기고, 대가를 지급받는 매매계약이라고 알려줬다. 백화점에 가면 여러 가지 종류의 물건을 파는 매장들이 있지만, 모두 매매라는 계약으로 이뤄지는 것이다. 직업과 관련은 적지만 그 밖에 증여, 교환이라는 계약도 있었다. 또, 재산을 완전히 넘기는 것은 아니지만, 쓸 수 있도록 해주는 계약도 있었다. 주택이나 상가를 주인으로부터 빌려 쓰는 것이 임대차계약이었다. 당장 삼촌의 사무실이 그랬다. 비슷하지만 대가를 주지 않는 사용대차계약이라는 것도 있었다. 은행에서 돈을 빌리고 갚는 것처럼, 일단 재산을 넘겨받아 쓴 다음 같은 종류로 돌려주는 것이 소비대차계약이라고 했다. 그 밖의 계약으로 조합, 종신정기금, 화해라는 무슨 소리인지 잘 이해는 가지 않는 계약들을 줄줄이 알려줬다.

그렇게 주저리주저리 한참을 떠들고도 숨을 가빠하는 기색이 없는 삼촌을 보면서 시연이는 아주 잠깐, 어쩌면 삼촌이 방송에 소질이 있는 건 아닐까 하는 생각을 했다.

"어때? 이렇게 큰 묶음으로 나누어 정리해놓고, 그 안에서 구체적으로 어떤 일을 하면 좋을지 생각해보는 건? 복잡하게만 여겨지는 사람들의 경제활동이지만 이렇게 보면 그렇지도 않지? 물론 여기 들어가지 않는 계약들도 있긴 하지만."

"글쎄, 뭐 신기하긴 하네. 고작 15가지뿐이라니 말이야. 한번 생각은 해볼게."

"인색하다, 인색해, 우리 조카. 뭐야, 벌써 시간이 이렇게 됐어? 아까 찍은 영상 편집해서 너한테 보여준 다음 유튜브에 올리려고 했는데. 아무래도 영상세대니까 도움이 되지 않을까 해서 말이야. 우선 저녁부터 먹고 오자. 잘생긴 얼굴, 잘 유지해야지!"

"와, 몰랐는데 뻔뻔하기까지 하네. 김 변, 진짜 대단하다. 거울만 봐도 배부르지 않아?"

삼촌은 웃는 얼굴로 시연이의 머리에 살짝 꿀밤을 때렸다.

"그런데 삼촌, 그 설명해준 것들 있잖아. 뭔가 대충 알 것도 같으면서 말 듯하고. 뭐랄까, 피부에 와닿지 않는다고 해야 하나. 내가 아무리 똑똑해도 중학생이잖아. 좀 막연해."

저녁 메뉴를 정하기 위한 격론을 한 차례 더 벌이고, 사무실을 나서며 시연이가 중얼거렸다. 그도 그럴 것이 삼촌이 설명한 계약들 중에 시연이가 겪어봤을 일이 거의 없었다. 경제활동이라고 해봐야 학습지를 사거나 편의점에서 군것질 하는 정도, 용돈을 모아 친구들이랑 화장품 편집숍에 갔던 게 고작이었다. 삼촌도 곧장 수

긍했다.

"하긴, 대충 개념만 듣는 걸로 전부 이해하기는 어렵겠지. 어떻게 할까? 그래, 이 건물도 꽤 큰 상가인 셈이니까 여기 들어와 있는 매장들에서 어떤 일들을 하는지 알아보면 어떨까? 맞다. 김 변 TV 촬영할 거리가 생길지도 모르잖아?"

대화를 나누며 건물을 나서는 두 사람을 향해 낯익은 얼굴이 인사를 건넸다.

"변호사님, 촬영은 잘 되시죠? 제가 판매한 스마트폰 동영상 기능이 정말 좋거든요."

상가 1층의 스마트폰 매장 직원이었다. 싹싹하게 설명도 잘 해주고, 무엇보다 손님 입맛에 딱 맞는 제품을 골라주는 능력자였다. 시연이네 가족들 모두 그 매장에서 스마트폰을 사기도 했다.

"그럼요. 알려주신 편집용 어플리케이션도 깔았어요. 저녁 먹으러 가는 길인데 다녀와서 해보려고요. 아 참, 그러고 보니 스마트폰 판매에 관한 이야기를 방송으로 해주실 수 있으세요? 조카가 실물경제에 관심이 많네요. 겸사겸사해서요."

아무래도 삼촌은 유튜브 방송을 하겠노라며 동네방네 떠들고 다녔던 모양이었다. 자기까지 끌어들이려는 심산이 뻔해 보여 시연이 눈에서 레이저가 뿜어져 나오려는데, 직원이 뜻밖의 이야기를 했다.

"방송이요? 영광이긴 한데 제가 변호사님이랑 무슨 이야기를 할 수 있을까요? 하하. 근데 어쩌죠? 저희 사장님이 매장을 다른 곳으로 옮긴대요. 조금 멀어질 것 같아 도와드리기 어려울 거예요. 이사 준비도 해야 하고 정신없네요."

"그래요? 갑작스레 이렇게 되니 서운하네요."

"사업이 잘 돼서 넓은 매장으로 옮기는 거예요. 가게 내놓은 지 꽤 됐는데 갑자기 계약이 됐다고 하시던데. 새로 들어오는 분이 서두르시나 봐요. 뭐라더라? 꽃집 하신다고 그러던데요."

"꽃집이요?"

삼촌과 시연이 입에서 동시에 큰소리가 나왔다. 어리둥절해하는 휴대폰 매장 직원을 사이에 두고 삼촌과 시연이가 마주 보고 한 번 더 소리를 높였다.

"꽃집이래!"

십대도 꼭 알아야 할
진로와 경제활동 이야기

　희망하는 직업으로 연예인이나 유튜브 크리에이터를 꼽는 학생들이 많지요. 화려해 보이는 생활, 그리고 좋아하는 일을 하면서 돈도 많이 버는 모습이 매력적으로 보이기 때문일 거예요.

　그렇다면 그런 일들이 실제로 어떻게 이루어지는지 알아볼까요? 연예인이나 인기 유튜버가 되는 방법을 말하는 게 아니에요. 그것보다 더 큰 그림, 그러니까 사람들은 어떤 일을 하면서 어떻게 사회를 이루고 사는지부터 시작하는 거예요. 생활에 필요한 물건이나 서비스를 주고받는 모든 활동을 통틀어 '경제'라고 합니다. 누구나 돈을 벌기 위해서는 직업을 가져야 해요. 연예인이든, 유튜버든 마찬가지예요. 이것 역시 '일'이니까요.

　1장은 계약을 체결한 연습생 이야기로 시작했습니다. 이 학생이 가수로 데뷔하고 많은 인기를 얻으며 꿈을 이뤘다고 가정해봅시다. 이제 음악이라는 서비스 상품을 만들게 된 거예요. 인터넷에 음원을 판매하고, 콘서트를 한다면 입장료도 받을 것이고, 어쩌면 광고 모델이 되어 수익을 얻을 수도 있겠지요. 혼자만의 힘으로는 이 모든 걸 이루기는 힘들었을 거예요. 우선 연습생을 연예인으로 키워낸 기획사가 수익을 나눠 가질 겁니다. 인터넷으로 노래를 들을 수 있도록 플랫폼을 제공한 사이트도 돈을 벌겠지요. 또 작곡과 작사를 한 사람들, 만들어진 곡을 연주하는 사람들도 따로 있습니다. 여기에 연예인의 일정을 관리해주는 매니저, 무대에서 더욱 빛나게 보이도록 돕는 스타일리스트도 있지요. 더 나아가 볼까요? 한 전자제품 업체에서 모델로 발탁할 수도 있어요. 그 덕분에 그 업체에서 만든 스마트폰이 잘 팔리게 됐다면요? 회사는 수익을 많이 남길 것이고, 그 돈으로 새로운 제품을 개발할 수도 있겠네요. 어쩌면 직원들을 더 뽑아 고용을 창출할 수도 있을 겁니다. 게다가 그 스마트폰을 파는 판매점, 훌륭한 광고를 만들어낸 광고회사 등…….

어때요? 온 세상이 거미줄처럼 얽혀 있지요. 어떻게 이렇게 복잡해졌을까요? 예전에는 아주 단순했던 경제가 지금과 같은 모습이 된 건 기술의 발달 그리고 그걸 뒷받침해준 법률이 있었기 때문이에요. 법은 세상의 모습을 반영해 만들어집니다. 변화하는 세상이 먼저일 수 있겠지만, 법으로 보장해준 덕분에 세상이 훨씬 매끄럽게 돌아가기도 하거든요. 우리 헌법은 "대한민국의 경제 질서는 개인과 기업의 경제상의 자유와 창의를 존중함을 기본으로 한다."고 선언하고 있습니다(제119조 제1항). 자유시장 경제질서라는 것이지요. 누구나 자기 능력에 따라 상품이나 서비스를 시장에 내놓고 거기에 맞는 대가를 받을 수 있다는 겁니다.

그렇게 얻은 이익은 "모든 국민의 재산권은 보장된다"는 헌법 제23조 제1항에 따라 온전히 자신의 것으로 차지할 수 있고요. 나라의 큰 틀을 정해놓은 헌법에서 자유롭게 경제활동을 할 수 있도록 보장해준 덕분에 많은 사람들이 직업을 갖고, 돈을 벌 수 있어요.

그런데 헌법은 너무 큰 개념이어서 조금 막연하지요? 그래서 사람들 사이에서 일어나는 일들을 자세하고 구체적으로 정해놓은 것이 바로 민법입니다. 이 민법은 자유시장 경제질서를 뒷받침하는 3대 원칙을 따르고 있어요. 계약자유의원칙, 소유권절대의원칙, 과실책임의원칙이 그것들입니다. 어떤 물건이나 서비스를 제공하겠다는 약속을 자유롭게 할 수 있다는 계약자유의원칙은 앞서 설명했지요? 그에 따른 권리와 의무를 서로 이행한 결과 각자가 가진 재산이 있다면 그걸 보장해주겠다는 것이 소유권절대의원칙입니다. 그 과정에서 일부러 혹은 실수로라도 누

군가에게 손해를 끼친다면 배상해줘야 한다는 것이 과실책임의원칙이고요.

앞서 예로 든 연예인뿐만 아니라 우리가 알고 있는 모든 형태의 일들은 결국 사람과 사람 사이의 수많은 약속들, 계약들로 이루어지는 셈인데요. 그럼 어떻게 해야 경제활동을 잘하는 걸까요? 간단해요. 약속을 잘 지키는 것. 민법은 "권리의 행사와 의무의 이행은 신의에 좇아 성실히 하여야 한다"고 앞부분에서 이야기하고 있답니다(제2조 제1항). 계약에 따라 권리와 의무가 생긴다고 했잖아요. 그걸 "신의에 좇아", 그러니까 믿음과 의리를 다해 열심히 지키라는 겁니다. 너무 뻔한 말 같다고요? 하지만 잘 생각해보세요. 혹시 즐겨보는 유튜브 채널이 있나요? 처음엔 한두 개의 영상을 봤겠지요. 그런데 쭉 보다 보니, 재미있거나 유익한 정보가 담겨 있는 거예요. 또 영상이 꾸준하게 올라오는 것도 한 몫 했을 거예요. 그래서 계속 찾아보게 되는 것이지요. 그 채널을 운영하는 유튜버가 여러분에게 믿음과 의리를 준 겁니다. 정말 그럴 듯한 광고를 보고 물건을 주문했는데, 막상 받아 보니 광고와는 영 다르다고 생각해봐요. 그럼 그 회사의 광고를 믿기 어렵겠지요. 광고를 통해 한 약속을 지키지 않았으니까요. 이렇듯 모든 것은 약속과 신뢰가 바탕이 되어야 해요.

2장

노동과 그 대가

2장의 키워드

#사용자 #근로자 #근로계약서 #근로기준법

#탄력근무제 #최저임금제 #민사소송 #소액재판

#압류 #지급명령 #형사절차 #고용노동부

#근로감독관 #계약의 해지 #해고 #실체적 정당성

#절차적 정당성 #법치주의 #형사처벌 #손해배상청구

어느 걸로 할까? 짧은 시간 고민이 깊은 김 변호사였다. 결정장애라고 해도 좋을 만큼 선택이라면 뭐든 어려워했다. 흑설탕이 잔뜩 들어간 달달한 음료도 끌렸고, 입에 남은 음식 맛을 깔끔하게 정돈해줄 허브티도 좋았다. 뭐라 뭐라 길고 복잡한 이름의 신제품 사진도 그럴 듯해 보였다. 날마다 오다시피 하는 카페인데도 늘 그랬다.

낮 시간엔 대개 재판을 하러 법원에 가거나, 찾아오는 의뢰인들과 이런저런 상담을 했다. 간혹 시간이 남을 때면 직접 주변 상인들을 찾아다니며 예방법률 사무소를 홍보하기도 했다. 좀처럼 차분하게 앉아 서류를 검토하면서 소송 준비를 할 겨를이 없었다. 그러다 보니 저녁식사를 마치고 느지막이 사무실에 틀어박힐 때가 많았다. 로펌에서 일할 때는 조금이라도 빨리 퇴근하길 바랐는데, 막상 출퇴근이 자유로워지자 오히려 밤늦게까지 일하는 것이었다. 학원 수업을 들으러 온 조카 시연이가 종종 들르는 걸 빼면 온전히 김 변호사의 시간이었다.

이날도 사무실로 올라가는 길에 음료를 사러 1층 카페에 들렀다. 앞선 사람이 주문을 마치길 기다리는 동안 또 언제나처럼 뭘 마실지 고민하고 있었던 것이다. 드디어 김 변호사의 차례였다.

"변호사님, 따뜻한 아메리카노 맞으시죠?"

"네? 네!"

자주 봐서 낯이 익은 직원이었다. 김 변호사가 뭘 시킬지 알고 있었던 것이었다. 사실 매번 고민하면서도 매번 주문하는 건 똑같 았다. 살찔 걱정에 단 음료는 못 시키고, 잠도 쫓을 겸 늘 커피를 선택했던 것이다. 종업원이 기억하는 것도 놀랄 일은 아니었다. 김 변호사가 당황한 이유는 따로 있었다. 커피를 주문하는 것 말고는 딱히 대화를 나눈 기억이 없는데, 변호사라며 알은체를 해서였다. 어리둥절한 표정을 읽었는지 직원이 궁금증을 풀어줬다.

"우연히 유튜브에서 봤어요. 계약서 작성하는 방법에 대해 설명 해주신 부분이요. 멋지시던데요, 하하하. 깜짝 놀랐어요! 날마다 오시니까 유튜브에서도 금방 알아보긴 했는데, 변호사이실 줄은 상상도 못했거든요, 잠깐만 기다리세요."

직원이 커피를 내리는 동안 김 변호사의 머릿속이 부지런해졌 다. 혹시 무슨 문제가 있어 법률에 관심을 보이는 건지 궁금했다. 유튜브 방송에 대해서는 어떻게 생각하는지도 알고 싶었다. 그리 고 변호사인 줄 상상도 못했다는 건 또 어떤 뜻인지. 전혀 동떨어 진 이미지라는 건지 뭔지. 새삼스레 명찰에 적힌 '정은'이라는 이 름이 눈에 들어왔다.

"저 뭐 하나 여쭤봐도 괜찮을까요?"

사실 김 변호사는 속으로 혼자만의 질문을 했고, 실제로 바깥으로 말을 꺼내 대화를 이은 건 다시 정은이었다.

"아실지 모르겠지만 저 지난달부터 아르바이트하고 있거든요. 처음이에요. 아무것도 모르니까 그저 사장님이 시키는 대로 하고 있지요. 그렇다고 사장님이 딱히 나쁘게 대한다거나 하는 건 아닌데요. 변호사님 유튜브를 보다 보니까 이것저것 궁금해지더라고요."

정은은 잠시 말을 멈추고 완성된 커피를 컵에 담아 건넸다. 그러면서 살짝 목소리를 낮췄다.

"대학 졸업생인데 용돈이랑 학비에 조금이나마 보탤까 싶어서 아르바이트를 시작했거든요. 나중에 사회생활하는 데 경험이 될 것도 같아서요. 그런데 딱히 제가 하는 일에 대해 알고 있는 게 없더라고요. 시급이 얼마인지만 따졌거든요. 그러니까 제 궁금증 책임지세요, 하하. 걱정거리가 있으면 편하게 연락 달라고 하셨잖아요, 유튜브에서."

당돌한 학생이었다. 하지만 솔직담백한 말투가 얄밉지 않았다. 법에 관한 궁금증을 가지고 있다는 게 반갑기도 했다.

"그럼요. 언제든지 오세요."

"우왓, 약속하신 거죠. 그런데 저 낮에는 학교가야 하고, 아르바이트 끝나면 밤 10시예요. 그때도 괜찮나요? 어제 퇴근하면서 보니까 사무실 불이 켜져 있더라고요, 하하."

당돌함을 넘어 헛웃음까지 짓게 만드는 대사였다.

"그래요. 사무실에 있는지만 확인하고 편하게 오세요."

"네, 고맙습니다. 아, 그리고 아마 혼자가 아니라 주변에 아르바이트 하는 친구들 몇몇이랑 같이 갈지도 몰라요. 친구들에게 변호사님 유튜브도 소개할게요."

김 변호사는 어설픈 미소로 대답을 대신하고 돌아서려고 했다. 그러다 문득 걸음을 멈추고 궁금했던 걸 끝내 묻고 말았다.

"근데 제가 변호사처럼 보이지 않았나 봐요?"

"네?"

이번엔 정은이 당황했다. 무슨 말을 하고 싶은 건지 짐작도 못하는 표정이었다. 역시 괜히 물어봤다 싶었다. 김 변호사는 머리를 긁적이며 사무실로 향했다.

"아, 아무것도 아니에요."

괜히 뒤통수가 간지러운 기분이었다.

며칠 지나지 않아 정은과 그 친구들은 정말로 김 변호사의 사무실을 찾아왔다. 미리 말했던 대로 밤 10시가 조금 지나서였다. 4명의 여학생과 유난히 건장해 보이는 청년이 함께였다. 여학생들보다 머리 하나만큼 더 위로 높이 솟은 큰 키에 어깨까지 딱 벌어진

체격이 흡사 경호원 같았다.

"안녕하세요, 변호사님? 진짜로 찾아올 줄은 모르셨죠, 하하. 이건 꽃차예요. 아무래도 저희한테 상담료를 받지는 않으실 것 같아서요. 맨날 커피만 드시던데 취향을 조금 다양하게 해보셔도 좋지 않을까요?"

정은은 매장에서 볼 때보다도 훨씬 활달하고 씩씩했다. 한눈에도 정성스레 포장한 것이 분명해 보이는 상자를 불쑥 건네는 것이 도저히 미워할 수 없게끔 만드는 재주가 있었다. 김 변호사는 너털웃음을 지으며 한밤중에 찾아온 손님들을 사무실로 들였다.

"어서들 오세요. 그냥 와도 되는데……. 사무실 시작하고 이렇게 젊은 분들이, 게다가 학생들이 우르르 찾아온 건 처음이네. 이럴 줄 알았으면 청소라도 조금 해놓을 걸 그랬나 봐요. 가만 있자, 여기 회의용 테이블에 다 같이 앉으면 되겠네요. 냉장고에 주스라도 있을 텐데……."

부산하게 움직이던 김 변호사의 눈길이 경호원 청년에게 향했다. 청년은 다른 학생들이 자리를 잡고 앉도록 입구에 어정쩡하게 서 있었다. 누구인지, 어찌 된 영문인지 궁금했던 김 변호사가 정은을 바라보았다. 그러자 정은이 청년을 향해 말을 했다.

"넌 왜 그러고 서 있어? 키 큰 거 자랑하고 있니? 죄송해요, 변호사님. 남자친구인데요. 오지 말라고 했는데 굳이 따라왔네요. 왔으면 빨리 자리에 앉든가!"

김 변호사에게 말할 때와 달리 호통을 치다시피 다그치는 정은
이었다. 남자친구의 반응 역시 우스꽝스러웠다. 덩치에 어울리지
않게 어깨를 움츠리며 기어들어가는 목소리로 대꾸하는 것이었다.

"아니, 밤늦게 이런 데 온다고 하니까 무슨 일인가 싶었던 거지.
걱정이 안 될 수가 있냐?"

그러자 정은의 목소리가 한층 더 커지고 높아졌다.

"이런 데라니? 변호사 사무실이라고 이야기했잖아. 죄송해요,
변호사님. 얘가 좀 어리버리해요."

"무슨 변호사 사무실이 이런 데 있냐고? 법원 앞에 있어야 하는
거 아냐? 그리고 네가 무슨 사고를 쳤기에 변호사 사무실에 와야
한다는 거야?"

기가 죽어 보였지만 할 말은 꼬박꼬박 하는 청년이었다.

"뭐? 너 아까 내가 보내준 유튜브 링크 열어봤어, 안 봤어? 변호
사님에게 실례되게 그게 무슨 소리야. 아르바이트 계약에 관해 궁
금한 거 여쭤보러 온다고 했잖아. 너도 수영장에서 아르바이트하
고 있잖아. 기왕 왔으면 조용히 이야기나 잘 들어봐."

어떤 상황인지 대충 짐작은 갔다. 다른 여학생들은 아웅다웅하
는 둘이 재미있어 죽겠다는 듯 킥킥거리고 있었다. 청년은 뻘쭘한
듯 빈자리를 찾아 앉으며 들릴 듯 말 듯 가냘픈 목소리였지만 끝

까지 중얼거렸다.

"난 아르바이트 아니라니까. 선배님 하시는 일 도와드리는 거라고 했잖아."

정은이의 눈꼬리가 다시금 치솟는 걸 본 김 변호사가 황급히 나섰다.

"자자, 이제 이야기를 시작해볼까요? 정은 씨가 아르바이트 계약이라고 했는데, 법으로 아르바이트의 계약을 따로 정해놓은 건 아니에요. 근로계약의 한 형태라고 봐야겠지요. 세상에는 참 여러 가지의 일들이 있잖아요. 정은 씨가 일하는 매장은 커피를 비롯한 음료와 디저트 종류를 파는 곳이지요. 사장님 혼자서는 그 일을 다 할 수 없으니까 정은 씨를 고용한 거예요. 그런데 저 같은 손님이 커피를 한 잔 사서 마시면 그 돈은 누가 갖지요? 정은 씨가 아니라 사장님이지요. 커피에 대한 매매계약을 하는 것은 사장님과 손님이지, 정은 씨와 손님이 아니라는 거예요. 정은 씨는 사장님이 커피 파는 일을 도와주는 겁니다. 사장님에게 노동력을 제공하고 대신 사장님으로부터 급여를 받는 거예요. 어떤 물건을 만드는 공장에서 일을 한다고 치지요. 마찬가지로 물건을 생산하는 것은 공장을 운영하는 대표인 것이고, 직원들은 대표가 시키는 일을 하는 거예요. 생산한 물건을 팔아서 소득을 얻는 게 아니라, 대표로부터 노동력에 대한 대가를 받는 겁니다. 그렇게 사람을 고용해 일을 시키는 사람을 사용자라고 하고, 사용자가 고용한 사람을 근로자라고 불러요. 모든 회사가 다 마찬가지예요. 겉으로 드러나는 일은 각양각색이지만 내부적으로는 모두 근로계약에 따라 일을 하는 거예요. 정은 씨 남자친구는 아르바이트가 아니라고 했는데, 어떤 일을 하고 있기에 그래요?"

볼멘 표정으로 고개를 떨구고 있던 청년은 김 변호사가 자신을 가리키자 잠시 망설였지만 제법 자신 있는 목소리로 대꾸를 시작했다. 아무래도 정은에게만 기가 죽는 모양이었다.

"아, 전 변호사님이 말씀하신 그런 근로계약을 하는 게 아니에요. 체육학과에 다니고 있거든요. 학과 선배님이, 10년도 더 선배님이시긴 하지만……. 아무튼 수영장을 운영하고 계세요. 학교에 연락을 해오셔서 저랑 재학생들 몇몇이 회원 지도하는 걸 도와드리고 있거든요. 사장님이랑 직원 같은 그런 관계 아니에요."

"인간관계에서 시작한 일이라는 이야기 같은데, 그렇더라도 돈은 받고 해드릴 거 아니에요?"

"그럼요. 그런데 저희는 월급 받는 그런 거 아니에요. 수영장에 오시는 회원님들 있잖아요? 수준별로 반을 나눠 강습을 하거든요. 그런 반을 각자 맡아서 관리하는 거예요. 선생님처럼 말이에요. 선배님이 이래라저래라 일을 시키지도 않아요. 맡겨 놓고 일체 간섭도 안 하세요. 그 뭐냐, 저희 사업자등록증도 있어서 세금도 따로 내요. 아르바이트랑은 완전 달라요. 선배님도 저희한테 직원으로 생각하지 마라, 동업자들이다, 이렇게 말씀하시거든요."

이야기를 하는 청년의 어깨가 점점 치솟았다. 왠지 뿌듯해하는 듯싶었다. 물론 그러면서도 정은이의 날카로운 시선은 여전히 피하고 있었다.

"그렇군요. 어떻게 생각하는지 알겠어요. 그런데 있지요. 혹시 수영장 건물 사용하는 데 필요한 비용을 선배님이랑 나눠서 내고 있지는 않겠지요?"

"네? 그거야 그렇지요. 학생이 무슨 돈이 있어요."

"음, 그럼 강습하는 시간은 마음대로 정할 수 있어요?"

"어……. 아니요, 수업시간이야 정해져 있지요. 수영장 오시는 분들 보통 아침이나 저녁에 강습 받으시거든요. 출근 전이나 퇴근 하시고 난 이후로. 낮에는 주부들이 많이 오시는데 그때 저희는 학교에 가니까. 사실 전문 강사들이 따로 있어요. 그분들이 대부분 수업을 맡으시고 저희는 빈 시간 중에 선배님이 정해주시는 시간을 맡아요. 그거야 학생이니까 당연한 거 아니에요?"

"그렇군요. 또 한 가지 물어볼게요. 회원들이 회비를 누구에게 내요? 받은 회비를 얼마의 비율로 나눠 갖는지는 누가 정하고요?"

"그, 그건, 선배님이 받은 다음 저희에게도 나눠주시지요. 학생 이니까 어쩔 수 없지요. 그리고 절대 야박하게 안 주세요."

뭔가 궁지에 몰리는 걸 알았는지 청년의 목소리가 다시 수그러들었다.

"그러니까 선배님이 지정하는 시간에, 선배님이 차려놓은 수영장에서 일하고, 선배님이 주시는 만큼 받는 거네요? 언제 어떻게 일을 하고, 얼마만큼 대가를 받을 수 있는지 전적으로 선배님에게 달려 있잖아요. 그럼 사용자와 근로자의 관계가 맞아요. 정은 씨가 일하는 거랑 마찬가지예요. 물론 선배님은 좋은 뜻에서 동업자라고 말씀하신 거겠지만 말이에요. 당장 뭐가 다른지 알아요?"

"모르죠……."

"여러 가지가 있지만, 무엇보다 근로관계라면 일주일에 15시간 이상, 1년 넘게 일하다 그만둘 때 퇴직금을 받을 수 있어요. 동업자들끼리라면 그렇지 않지만 말이에요."

"네?"

청년의 눈이 둥그레졌다. 지켜보던 정은이의 입가엔 그것 보라는 듯한 웃음이 번졌다. 거기에서 그친 게 아니라 똑똑히 들리는 혼잣말까지 했다.

"멍청이!"

머쓱해진 청년은 그냥은 지기 싫었던지 마지막 저항을 했다.

"아니, 꼭 모든 관계를 그렇게 법적으로 따질 것까지야 없잖아요. 변호사님이야 그게 직업이니까 그럴지 모르지만, 저희 같은 젊은이들에게 근로관계라느니, 퇴직금을 받느니 못 받느니, 꼭 그런 식으로 세상을 보게 만들 필요가 있으세요?"

김 변호사의 얼굴이 순식간에 딱딱하게 굳었다. 표정뿐만 아니라 목소리까지 냉정함이 느껴질 정도로 엄격하게 바뀌었다.

"땀 흘려 일한 대가를 가볍게 여길 수 있어요? 일한 만큼 정당한 대가를 주고받는 일은 사용자에게도 근로자에게도 가장 중요한 일이에요. 대한민국의 수많은 사람들이 직장에 자신의 노동력을 제공하고 받은 급여로 생활하고 있어요. 사람이니까 먹고살아야 할 것 아니에요. 취미 생활처럼 문화적인 혜택도 누리고 말이에요. 많은 사람들에게 근로계약이 그 바탕이 되는 겁니다. 글자 그대로 생존의 문제예요. 그래서 우리 헌법은 모든 국민은 근로의 권리를 갖는다고 기본권으로까지 보장하고 있어요. 거기에 그치지 않죠. 근로자가 얻은 소득으로 소비를 해야 경제가 돌아가겠지요. 기업이나 자영업자에게는 고객이 되는 겁니다. 충분한 대가를 받지 못하면 소비가 어려워지고, 공장을 운영하는 생산자와 그 물건들을 소비자에게 판매하는 기업 역시 어려워지겠지요. 직원들에게 월급을 적게 주면 당장은 기업 입장에서 돈을 많이 버는 것처럼 여겨질 수 있지만, 크게 보면 결국 손해라는 겁니다. 적절한 균형이 꼭 필요해요. 제가 까다롭게 구는 게 아니에요. 그런 중요한 문제를 아무렇지 않게 여긴다는 게 오히려 이해하기 어렵네요. 혹시 '권리 위에 잠자는 사람은 보호받지 못한다'라는 말 들어봤어요?"

꼭 청년만을 향해 묻는 것은 아니었다. 게다가 확 달라진 김 변호사 태도에 짓눌린 탓인지 누구도 대답할 엄두를 내지 못했다.

"자신에게 어떤 권리가 있는지 알지도 못하고, 행사하지도 않는 사람까지 법이 나서서 도와주지 않는다는 거예요. 여러분은 아직 학생이지만, 이미 미성년자가 아닌 어른이잖아요? 나이를 먹었다고 전부 어른이라고 할 수 없어요. 사회에서 한 사람의 독립된 주체로 살아가기 위해 해야 할 일은 무엇인지, 그 대신 법과 제도는 어떤 권리를 보장해주고 있는지, 어느 정도는 알아야지요. 엄마, 아빠 같은 누군가가 알아서 챙겨주리라고 생각하면 오산이에요. '금수저'라서 부모님에게 큰 사업체라도 물려받지 않는 한 근로자로 사회생활을 시작해야 하지 않겠어요? 어떤 권리가 있는지 알아야지요. 나중에 독립해서 자신만의 일을 갖더라도 말이에요."

일장연설을 마친 김 변호사는 다시 학생들을 쳐다보았다. 여학생들은 물론이거니와 경호원 청년까지 어깨가 움츠러들어 있었다. 너무 심각하게 말을 했나 싶어 이번엔 김 변호사가 당황할 차례였다.

"어, 저기 있잖아요. 내가 너무 혼잣말에 심취했나 봐요. 솔직히 나도 로스쿨 가서 공부하기 전까지는 몰랐던 게 많았어요. 뭐, 그리고 막상 나랑 나이 차이도 그렇게 많이 나는 건 아닌데…… 아니 그 표정들이 뭐랄까, 꼰대를 바라보는 것 같잖아요. 그래, 맞아. 여러분들은 자기 권리가 무엇인지 알기 위해 저를 만나러 온 거잖아요. 이미 훌륭해! 어디 보자. 뭐가 궁금해서 온 거예요, 다른 친구들은?"

김 변호사는 허둥지둥 변명 아닌 변명을 내뱉으며 맞은 편 여학생을 바라보았다. 그러자 여학생이 조심스레 입을 열었다.

"전 그러니까, 이런 걸 뭐라고 해야 할지 모르겠는데요. 방학 중에 학교에서 기업과 연결해 실습도 시켜주고, 학점도 인정해주는, 그런 프로그램에 참여를 했거든요. 제가 아이들 가르치는 일에 관심이 많아요. 마침 학습 교재를 개발하는 회사가 있더라고요. 경험도 쌓을 겸 지원을 했지요. 그리고 한 달 동안 진짜 회사원처럼 출퇴근을 했어요. 그런데 솔직히 가서 했던 일이 기대와는 영 딴판이었어요. 그 회사에서 운영하는 인터넷 사이트가 있거든요. 가입한 회원들과 전화로 상담하는 일을 시키시더라고요. 새로 나온 교재를 홍보하거나 아니면 불편한 사항이 있으면 내용 파악을 해서 담당 부서에 전달하는 거였어요. 첫날부터 그 일을 시키는데 하루 종일 앉아서 전화만 걸고 받았다니까요. 진짜로 학습 교재에 관해 배우는 것도 없고, 홍보해야 할 문구는 미리 프린트로 받은 내용을 고객에게 읽어 드리는 거라 역시 배우는 건 없고……. 그런데도 그 회사 사장님은 그러시더라고요. 좋은 기회를 얻은 거라면서, 사실은 돈을 받을 게 아니라 오히려 회사에 돈을 내고 배워야 하는 것들이라고요. 몇 번이나 그러시는 거예요. 나중에 학교 졸업하고도 같이 일할 수 있었으면 좋겠다면서 은근히 취업이라도 시켜주실 것처럼 말씀하기도 하고요. 뭐가 뭔지 잘 몰랐지만 어쨌든 한 달 동안 열심히 다녔어요. 점심 먹는 시간 빼고 하루 종일 딴 짓도 안 하고 전화만 붙잡고 있었어요. 그런데…….”

“어휴. 끝까지 말 안 해도 왠지 알 것 같네요.”

“네? 그래요? 저 같은 학생이 혼자는 아니겠지요. 나중에 월급을 받고 보니…….”

“아주 조금이지요? 최저임금도 안 될 만큼?”

“네, 최저임금이 얼마인지 모르지만 그거 따져볼 만큼도 안 됐어요. 계산해보니까 절묘하게 교통비랑 점심 식사 비용 정도 될 거 같더라고요. 차라리 한 달 동안 아르바이트라도 할 걸 그랬어요. 딱히 배운 것도 없는데.”

말을 마친 여학생은 허탈한 표정으로 한숨을 지었다. 김 변호사는 그 모습이 안쓰러워 가까스로 미소를 지어 보였다. 다시 에너지를 끌어올려야 했다.

“이런 일을 막기 위해서 자신에게 어떤 권리가 있는지 알아야 한다는 거예요. 세상에는 좋은 사람들만 있지는 않다는 걸 살아가면서 알게 될 거예요. 어쩔 수 없는 일이지만 그렇다고 매번 손해

보고 마음을 다쳐야 할 필요는 없잖아요."

김 변호사는 잠시 말을 끊고 학생들을 바라보았다. 사회생활을 준비하는 학생들이야말로 예방법률이 꼭 필요한 대상이라는 생각이 들었기 때문이다.

"실습생, 견습생, 인턴…… 여러 가지 이름으로 정식 직원은 아니지만 일을 경험해볼 수 있는 기회들이 주어지곤 해요. 정부에서 붙인 정식 명칭은 '일 경험 수련생'입니다. 원하는 일자리가 맞는지 알아보고, 배워볼 수 있어 좋지요. 회사 역시 좋은 인재를 찾을 수 있는 기회이고요. 그런데 그걸 이용해 학생들을 부려먹는 사람들이 있거든요. 교육하고는 아무런 상관 없이 말이에요. 이를테면 따로 교육 프로그램을 운영하지도 않으면서 필요한 일이 있을 때마다 심부름 시키듯 일을 시키기도 하고요. 여름철 바닷가, 겨울철 스키장처럼 일손이 많이 부족할 때만 수련생을 모집하기도 하지요. 딱히 배울 것도 없는 단순 노동을 시키고는 수련생이니까 정식 급여를 주지 않아도 된다고 하는 겁니다. 학생처럼 말이에요. 어떻게 해야 할까요? 그럴 때는 이름을 뭐라고 붙이든 근로자로 칩니다. 정당한 보호를 받을 수 있어야 하고, 적어도 최저임금을 지급해줘야 하는 겁니다. 학생, 그 회사에서 정확하게 어떤 일을 얼마나 했는지 저한테 정확하게 알려줘요. 급여 받을 수 있도록 해줄게요!"

김 변호사는 느끼고 있었다. 학생들의 시선에 감탄과 존경이 섞여 있다는 걸. 그리고 그걸 최대한 즐기고 있었다. '이 맛에 변호사 한다'고 속으로 뿌듯해하며. 사실이기도 했다. 사무실에 들어와서 처음 김 변호사를 만났을 때 학생들은 왠지 모를 실망감 비슷한 걸 느꼈다. TV에서 보던 사무실과도, 변호사와도 달랐기 때문이었다. 그런데 몇 마디 대화를 나눈 지금은 그런 느낌이 사라져가고 있었다.

"저도 한 가지 물어봐도 괜찮지요?"

이번엔 다른 학생이 손을 들었다. 김 변호사가 크게 고개를 끄덕였다.

"전 학교 앞 카페에서 아르바이트하고 있거든요. 출근하고 등교하는 손님이 많이 몰리는 아침 시간대에만 일을 돕고 있어요. 저도 크게 부담스럽지 않은 정도이고, 사장님이 시급도 잘 쳐주시거든요. 오래 일하다 보니 동생처럼 편하게 대해주시기도 하고요. 그런데요. 얼마 전부터 사장님이 카페 문 여는 일까지 저한테 시키고 있어요. 믿고 맡긴다면서 아예 가게랑 계산대 열쇠까지 주신 거예요."

"그만큼 신뢰관계가 생긴 거니까 일단 좋은 일로 보이는데, 뭐가 문제예요?"

"그게 있잖아요. 이런 것까지 따지는 제가 너무 치사한지 모르겠는데요."

"일단 들어보고 정할 테니까 이야기를 해보세요."

"음, 시간이 오래 걸려요."

"네?"

"카페 문 여는 게 시간이 오래 걸린다고요."

무슨 잘못이라도 저지르는 것처럼 주저하는 학생의 설명은 이랬다. 문만 열었다고 영업 준비가 끝나는 게 아니라는 것이었다. 그 전날 가게를 정리하면서 테이블로 올려놓은 의자를 내리고, 커피 기계를 예열하고, 냉난방기를 가동시키고, 혹시 부족한 재료는 없는지 점검해보고, 금고 잔액도 확인하고……. 그러다 보면 10분, 15분가량은 걸린다는 것이었다. 그만큼 서둘러 아침에 나오고 있다는 것이었다. 얼마 안 되는 시간일 수도 있지만, 일주일에 5일을 근무하는 걸로 계산하면 일주일이면 1시간 넘는 시간만큼 일을 더하는 것이지 않느냐는 질문이었다.

"절대로 치사하지 않아요."

김 변호사는 웃으며 조마조마해하는 학생을 달랬다.

"정확하게 계산한 거예요. 꼭 해야 하는 일이 있다면 일하는 시간에 포함시켜야 하는 게 당연하지요. 단순히 옷을 갈아입는 정도가 아니잖아요. 작업도구를 준비하고, 그날 해야 할 업무를 정하는 회의를 하거나 사장님 지시 사항을 듣는 아침 조회 같은 것들 있잖아요. 회사에서 모두 출근한 다음에 하는 '일'이지 않겠어요?

학생인데 일주일에 1시간 넘게 더 일하는 건 당연히 급여에 반영해야 하지요."

김 변호사가 말을 끊고 학생의 표정을 살폈다. 잘 알았다기보다는 오히려 더 답답해졌다는 낌새였기 때문이었다. 잠시 정적이 흘렀지만 이내 알겠다는 듯 김 변호사의 얼굴에 미소가 떠올랐다.

"그럴 줄은 알았는데 사장님에게 뭐라고 이야기해야 할지 고민하는 거예요?"

"네⋯⋯."

짧은 대답을 하며 학생은 어색하게 웃었다.

"제가 그랬잖아요. 동생처럼 잘해주신다고요. 크다면 크고, 작다면 작은 돈이겠지만 그 시간까지 돈으로 따져 받아야 하나 싶기도 해서요."

김 변호사는 그 마음 충분히 이해한다는 듯 고개를 크게 끄덕여주곤 말을 이었다.

"고민이 되기도 하겠네요. 여러분 모두 사회에 나오면 비슷한 순간들을 겪을 거예요. 이야기를 하고 급여를 더 받는 게 맞을지, 아니면 충분히 잘해주시니까 그 정도는 감수하는 게 맞을지. 사실 이런 문제는 답이 정해진 것도 아니에요. 상대방이 어떤 사람이냐, 기존에 받고 있는 대가는 얼마나 되느냐, 그 밖에도 여러 가지를 고려해봐야 할 거예요. 그런데 있잖아요. 이 역시 마찬가지예요. 나에게 이런 권리가 있구나, 요구할 수도 있는 일이구나, 최소한 알고는 있어야지요. 그다음에 어떤 방법을 택할지 선택하는 것은 각자의 몫이지만 말이에요. 그렇지 않겠어요? 뭐가 원칙인지 알지 못하니까 괜히 손해 보는 것 같고, 답답했겠지요."

김 변호사의 이야기를 들으며 뭔가 중요한 결심이라도 하듯 학생들은 저마다 고개를 끄덕였다. 덩치가 커서인지 경호원 청년의 고갯짓이 특히 눈에 띄기도 했다. 순진해 보이는 그 모습에 김 변호사는 절로 웃음이 나왔다.

"좋아요. 이렇게 중구난방으로 이야기할 게 아니라, 근로관계에 대해 간단하게라도 정리해보는 건 어때요? 여러분 표정을 보니 제가 특별봉사를 해드려야겠네요, 하하. 어떻게 해야 할까나……. 아, 그렇지요. 근로계약서는 가지고 왔나요? 그걸 보면서 이야기하면 쉽게 흐름을 잡을 수 있겠다. 누가 보여줄래요? 누구든 상관없어요. 어떤 직종이든 큰 틀은 비슷하니까."

호기롭게 물어보는 김 변호사와 달리 학생들은 꿀 먹은 벙어리였다. 가져오지 않은 게 아니라 애초에 근로계약서를 받은 사람이 아무도 없었던 탓이다.

"아무도 없다는 말이에요?"

어이없어하는 김 변호사의 눈길을 모두 피하려 했다. 얼떨결에 또 경호원 청년이 걸려들었다.

"저, 전 아르바이트 아니라고 말씀드렸잖아요. 아차, 근로계약이 맞다고 하셨지……. 저 그게 선배님이 그냥 동업자라고 하셔서……."

"에휴!"

"멍청이! 그냥 가만히라도 있지."

김 변호사의 한숨과 정은이의 혼잣말이 줄을 이었다. 아무래도 한 번 더 만나야 할 모양이었다.

사장님도 직원도 확실하게!

"아니, 그러니까 거길 내가 왜 가야 하냐고? 일요일 오전에 늦잠 자는 게 얼마나 큰 행복인데……. 중2의 힘겨운 삶을 김 변이 알기는 해? 너무 오래전 일이라 기억도 안 나지?"

"뭐야? 그래, 삼촌은 중학교 졸업한 지 하도 오래돼서 기억이 안 난다고 치자. 그러는 넌 어젯밤에 약속한 것도 기억을 못하냐? 아침 9시면 충분히 일어날 수 있다고 했잖아!"

불쑥 찾아왔던 학생들과 근로계약에 관한 이야기를 나누던 김 변호사는 아예 따로 시간을 마련해 종합적으로 정리를 해주겠노라 약속을 했다. 다들 비는 시간을 찾다 보니 일요일 오전으로 정했던 것이다. 김 변호사는 그 자리에 시연이도 함께했으면 좋겠다고 생각했다. 마침 시연이도 미래에 대한 고민도 많았고, 언젠가 직업을 갖게 될 테니 삼촌으로서 도움을 줄 기회라고 여긴 것이었다.

"아니, 그거야 돈 버는 방법 알려준다고 하니까 그랬지. 그런데 갑자기 근로계약 어쩌고저쩌고 하겠다며? 게다가 어제는 일주일 내내 공부하느라 지쳐서 제정신이 아니었지. 그 뭐냐, 그래, 심신 미약 상태였다고!"

"심신미약? 아무 데나 갖다 붙이기는. 그건 형사재판 받을 때 처벌을 가볍게 해달라고 판사에게 호소하는 거야. 너 무슨 죄 지었냐? 오늘은 직원이 되든 사장님이 되든 꼭 알아야 할 내용을 알려주겠다는 거야. 그래야 돈도 벌지. 아 참, 키 크고 잘생긴 대학생 오빠도 온다니까."

"응? 맞다, 그랬지! 아니 그럼 빨리 안 깨우고 뭐 했어? 얼굴 부어 있을 텐데 어떡하지. 삼촌은 도대체 사람이 왜 그러는 거야? 맨날 그 모양이니까 연애도 못하지! 그 클레오파트라 언니한테는 연락 왔어?"

"뭐? 아까부터 5분만 더, 5분만 더, 한 게 누군데? 몇 번이나 깨웠는데! 그리고 어떻게 거기에서 클레어 이야기가 나오니? 진짜 얘가 사람 미치게 만들어요. 너 때문에 못살겠다, 내가."

그렇게 한바탕 푸닥거리를 하고 나온 김 변호사와 시연이는 가까스로 제 시간에 사무실 문을 열었다. 얼마 지나지 않아 정은이를 선두로 학생들이 줄지어 들어왔다. 저마다 손에 음료수와 간식거리들을 들고 있었는데, 지난번보다 몇 명이 늘어나 있었다. 이번에도 눈치 빠른 정은이가 먼저 입을 열었다.

"변호사님 이야기를 했더니 만나보고 싶다는 친구들이 있어서요. 괜찮지요?"

"그럼요. 다들 앉으세요. 가만 있자. 그럼 이것도 몇 장 더 있어야겠네요. 시연아, 이거 언니, 오빠 숫자 맞춰 복사해줘. 중학교 다니는 조카예요. 같이 이야기 들으면 좋을 듯싶어서. 인사해, 너도 만난 적 있을걸? 1층 카페에서 아르바이트하는 대학생 언니인데."

턱을 괴고 앉아 경호원 느낌의 체육학과 오빠와 그 오빠의 손에 들린 마카롱 박스를 번갈아 보고 있던 시연이가 못마땅한 표정으로 자리에서 일어났다.

"안녕하세요? 뭐야, 김 변. 나 심부름 시키려고 데려온 거야?"

말은 그렇게 하면서도 시연이는 학생들 숫자를 세면서 복사기 쪽으로 향했다.

"다른 사람들 있는데 김 변이 뭐냐? 손님들 시킬 수는 없잖아. 하여튼 애가 그냥 넘어가는 법이 없어요. 자, 서 있지들 말고 적당히 편하게 앉아요."

학생들 사이에서 킥킥거리는 웃음이 스며 나왔다. 조카와 아웅거리는 '삼촌' 김 변호사의 모습이 두터운 법전과 서류들로 채워진 사무실의 딱딱함을 지웠던 것이다. 김 변호사는 시연이에게 받아든 서류를 학생들에게 나눠주며 한 사람씩 눈인사를 했다.

"지난번에 만났을 때 아무도 근로계약서를 받지 않았다고 해서 살짝 놀랐어요. 어쩌면 그게 현실이기도 하겠지요. 잠깐 아르바이트하는데 무슨 계약서까지 쓰나 싶을 거예요. 사장님들도 마찬가지고요. 그러면 안 되는데 말이에요. 왜 계약서가 필요한지, 어떤 내용이 들어가야 하는지 천천히 알아보기로 합시다. 나눠드린 계약서는 제가 샘플로 가지고 있는 거예요. 먼저 한 번씩 읽어 보고 이야기 나눠보기로 하죠. 시연이, 너도 잘 봐."

근로계약서

○○○ (이하 "사용자"라 합니다)와 ○○○ (이하 "근로자"라 합니다)는 아래와 같이 근로 계약을 체결한다.

1. 업무내용 :

2. 근로장소 :

3. 계약기간 : _____ 년 _____ 월 _____ 일부터
                 _____ 년 _____ 월 _____ 일까지

4. 근무일 : 주 5일

5. 근무시간
  1) 일일 18시부터 22시까지
  2) 휴게시간 매시 50분부터 60분까지(합계 30분 이내)

6. 임금
  1) 시간급 : ○○○ 원 매월   일, 본인 계좌로 지급(계좌번호:)
  2) 임금의 계산 : 산정기간 동안 시간급을 곱한 금액
  3) 임금 산정기간 : 전월 1일부터 전월 말일까지

7. 계약의 해지
  1) 근무시간 및 직전 음주 등 근무태도가 불량한 경우
  2) 사전 고지 없이 3일 이상 무단결근한 경우
  3) 업무수행 능력이 현저히 부족한 경우
  4) 기타 양 당사자의 귀책 사유로 인하여 본 계약을 유지하기 어려운 경우
  5) 근로자가 퇴직을 희망할 경우 근무일 기준 최소 2주 전 통보

8. 기타
본 계약서에 정함이 없는 사항은 노동관계법령에 따르기로 한다.

년   월   일

사업자명 :
주　　소 :
대 표 자 :   (인)

근로자명 :   (인)
주　　소 :
생년월일 :

"아르바이트 수준에 맞는 단기 근로계약서인데, 어때요? 생각보다 간단하죠? 아직 본격적으로 사회생활을 하기 전이라 '계약서'라고 해서 뭔가 대단히 복잡하고 어려울 거라 지레짐작했을 수도 있어요. 하지만 보다시피 그렇지 않아요. 언제, 어디서, 어떤 일을 할 것이고, 대가는 얼마나 받을 것인지 같은 기본적인 내용들을 정리해놓은 문서일 뿐이에요. 꼭 이런 형식을 따라 그대로 써야 하는 것도 아니에요. 들어가야 할 내용이 중요한 거지 어떻게 쓰느냐는 부수적인 거예요. 사실 모든 법률 문서가 그래요. 괜히 겁부터 먹을 이유가 없어요. 이보다 훨씬 많은 내용이 대부분이지만 큰 틀은 비슷해요."

말하는 사이 김 변의 시선은 자연스레 '경호원' 학생에게 향했다. 아무래도 제일 만만했던 탓이다. 김 변과 눈이 마주친 학생은 우물쭈물하면서도 역시나 김 변의 말을 받았다.

"그러게요. 걱정했던 것과 다르네요. 뭐, 뻔한 내용인데 계약서를 꼭 써야 하는 거예요? 이런 거 쓰자 그러면 수영장 하시는 선배님은 싫어하실 거 같은데……. 우리끼리 무슨 계약이냐고 하지 않을까요?"

남자친구의 대답과 질문이 마음에 들지 않았는지 정은이의 얼굴이 일그러졌다. 눈치 없이 왜 저러나 하는 표정이 역력했다. 금방 레이저라도 쏠 것 같은 눈빛으로 한마디 하려는 찰나 김 변이

가로막았다.

"물론 그렇게 생각할 수도 있죠. 하지만 지난번에 제가 자신의 권리를 아는 것이 중요하다고 했잖아요. 그리고 친한 사이일수록 분명히 해둘 것은 분명하게 해야 오히려 뒤탈이 없답니다. 정은 학생은 남자친구 구박하지 마세요. 이렇게 모여 있을 때는 누군가 한 사람은 나서서 궁금한 걸 물어봐줘야 저도 필요한 내용을 놓치지 않을 수 있거든요. 솔직히 물어보고 싶은 게 있어도 괜히 창피해서 입 다물고 있는 경우도 있잖아요. 그럴 때 대신 나서는 사람 있으면 좋잖아요, 하하하."

김 변의 이야기에 그것 보라는 듯이 남자친구의 어깨가 펴졌고, 정은은 그 모습이 더욱 어처구니없다는 듯 고개를 절레절레 흔들었다. 다른 학생들은 둘이 재미있다는 듯 킥킥거렸고 덕분에 분위기는 훨씬 편안해졌다.

"말로만 약속했다가 나중에 이야기가 다르다며 서로 싸우는 일이 없도록, 근로기준법은 사장님에게 계약서를 꼭 써서 근로자에게 주도록 법으로 정해놓았어요. 안 그러면 사장님이 벌금을 내야 해요. 근로자라면 수습 직원이든, 아르바이트 학생이든, 설령 우리 조카 시연이처럼 미성년자일지라도 반드시 써야 해요. 대신 미성년자라면 친권자, 대개는 부모님의 동의를 받아야 하지요. 이때 주의할 것은 계약의 상대방은 회사를 대표하는 사장님이어야 합니다. 계약서 맨 밑에 보면 '대표자'라고 빈칸이 있잖아요. 실제로 계약서를 주는 건 점장님이나 다른 누가 하더라도 그 칸의 이름은 반드시 그 회사 대표여야 해요. 여러분이 나중에 다른 종류의 계약을 할 때도 누구 이름이 써 있는지 꼭 유심히 보세요. 계약서대로 해달라고 요구할 수 있는 건 거기에 쓰여 있는 그 사람이니까요. 친구에게 돈을 빌려주면서 차용증을 받았는데, 돈을 갚을 사람 이름이 엉뚱하게 쓰여 있다고 생각해봐요. 그 사람이 갚으면 다행이지만, 나 몰라라 하면 곤란하잖아요."

"어, 맨 마지막을 확인하라고 하시네요. 그럼 이걸로 끝이에요? 간단하네요."

"재미없는 농담인데……. 좋아요, 처음부터 시작해봅시다. 지난번에 선배님 돕는 것 역시 근로계약에 해당한다고 이야기했지요? 왜 그런지 기억나요?"

"그러니까 뭐냐, 선후배 사이의 의리만 믿지 말고 일한 만큼 정당한 대가를 받을 수 있도록 해야 한다고……."

"그건 왜 알아야 하는지 설명한 거구요. 처음부터 보자고 했잖아요. '근로계약서'라고 써 있는 제목에서 시작해야지요. 근로자가 자신의 노동력을 제공하기 위해 맺는 계약이잖아요. 어떤 사람을 근로자라고 했지요?"

기억하고 대답하기를 기대한 질문은 전혀 아니었다. 김 변은 학생들 모두에게 시선을 돌리며 답을 이어갔다.

"중고등학교 다닐 때 여러분 모두 봉사활동을 해본 경험이 있을 거예요. 그런데 사회복지사는 봉사가 직업이잖아요? 돈을 받고 일하는 거니까요. 사찰이나 교회 같은 곳에서 종교 활동을 하는 분들은 어떨까요? 성스러운 일이지만 월급을 받고 하신다면 역시 직업이에요. 그래서 근로기준법은 종류와 관계없이 임금을 목적으로 어떤 사업이나 사업장에 근로를 제공하는 사람을 모두 근로자라고 봅니다. 정신노동이든 육체노동이든 가리지 않고, 자기 하고 싶은 일이 아니라, 다른 사람이 시키는 일을 하고 그 사람으로부터 돈을 받는 거예요. 자영업자라는 말을 많이 들어봤을 거예요. 다른 누가 아니라 자기가 정한 일을 스스로 운영한다는 말이지요. 그런 자영업자이건 보다 규모가 큰 회사이건 근로자를 써서 자기 사업을 하는 사람은 사업의 주인이라는 뜻에서 사업주라 하구요. 계약서엔 '사용자'라고 써 있는데 직접 근로자를 지휘, 감독해 일을 시키는 사람을 가리켜요. 사업주가 직접 사용자가 될 때도 있고, 다른 사람을 시킬 때도 있지요. 사장님이 아니라 부장님이 실제 업무를 맡는 것처럼 말이에요. 자, 이제 맨 앞부분 한 줄까지 정리했네요. 알겠지요?"

특히 열심히 고개를 끄덕이는 경호원 청년 덕분에 김 변은 웃음을 참으며 다음 질문거리를 생각했다.

"다음으로 이 샘플 계약서에 나오는 게 업무 내용이고, 그다음이 장소인데요. 다시 한번 말하지만 꼭 이런 순서나 형식을 지켜야 하는 건 아니에요. 업무 내용과 장소를 연이어 써놓은 이유는 다만 두 가지가 이어질 때가 종종 있어서인데, 아무튼 업무 내용은 가능한 한 구체적으로 근로자의 기술이나 능력, 전문 분야에 맞춰 적도록 합니다. 이를 테면 정은 씨의 아르바이트 근로계약서에는 어떻게 쓰면 좋을까요?"

김 변이 바라본 사람은 이번에도 역시 똑같았고, 우물쭈물거렸을 뿐 이번에는 대답조차 하지 못했다.

"여자친구가 무슨 일 하는지 몰라요? 와! 혼나야겠네, 하하하. 어렵게 생각하지 말라니까요. 언젠가 사장님이 돼서 근로계약서를 쓸지도 모르잖아요. 이런 식으로 하면 돼요. '커피 등 음료의 제조와 판매를 주된 업무로 하고, 이에 필요한 범위에서 부수적 업무를 할 수 있다'고 말이에요. 알고 있었지요?"

"그, 그럼요. 대답할 시간을 안 주셨잖아요……."

"어, 그래요? 이번에는 충분히 기다려줄게요. 이렇게 업무 내용을 써야 하는 이유는 뭘까요?"

"……."

"이번에는 충분히 기다려준 거죠? 여러 가지를 꼽을 수 있지만 근로자를 보호하기 위한 측면이 가장 커요. 갑과 을에 관한 이야기

들 많이 듣지요? 사회적 관계에서 '힘'이 더 센 쪽을 갑이라고 하
잖아요. 당연히 사장님이 갑이기 마련인데, 계약서에 써놓지도 않
으면 뭐든 시키는 대로 하겠다는 것처럼 될 수도 있잖아요? 취업
한 선배들에게 그런 이야기 들은 적 없어요? 이상한 사장님이나
직장 상사 만나는 바람에 회사 일과 아무 상관 없는, 개인적인 심
부름까지 시킨다고 하는. 아침마다 출근길에 먹을 걸 사오라고 한
다든가, 쉬는 날 불러내 집안일을 돕게 만들기도 하는. 흔히 '직장
내 갑질'이라고 하지요. 직장 상사의 말을 쉽게 거절하기 어렵다는
걸 이용해서 해야 할 업무의 범위를 넘어서는 일을 시키거나 아니
면 몸과 마음이 불편하고 힘들어서 일하기 어려운 근무환경을 만
드는 거죠. 정은 씨에게 커피 배달이나 건물에서 공용으로 쓰고 있
는 화장실 청소까지 도맡으라고 하면 어떻겠어요? 그런 일은 법으
로도 금지하고 있기도 하지만 처음부터 어떤 일을 하기로 했는지
서로 정확한 인식이 부족해서 벌어질 수도 있어요. 공과 사를 구분
하지 못한다고 해야겠지요. 어떻게 계약했는지를 알면 그런 일이
줄어들 겁니다. 근로 장소를 적는 것 역시 마찬가지 이유예요. 서
울에 있는 사무실에서 일할 줄 알았는데, 막상 입사하고 보니 제
주도로 가라고 하면 어떻게 할 거예요? 제주도야 물론 좋은 곳이
지만, 가족과 친구 모두 서울에 있다면 곤란하잖아요. 당장 어디서
살아야 할지도 모를 테고 말이에요. 계약할 때부터 어느 정도는 예

상할 수 있어야 안정된 삶을 살 수 있잖아요."

"어, 잠깐만요?"

이번에는 경호원 청년이 먼저 질문거리를 찾았다. 수업이라도 듣고 있었던 듯이 번쩍 손까지 들어 다시 한번 정은이 한숨을 쉬었지만 청년은 꿋꿋했다.

"우리 형이 저보다 네 살 많거든요. 회사 다닌 지 몇 년 됐는데, 이번에 싫어하는 부서로 발령받았다고 엄청 짜증내더라고요. 부장이 깐깐하다던가? 한 번에 결재받기가 하늘의 별 따기라고. 그럼 회사가 계약을 위반한 거예요?"

"그런 것 같지는 않은데요, 하하. 형님이 사무직 직원인가 봐요? 회사는 기존에 하던 일과 다르더라도 필요한 업무를 시킬 수 있어요. 하고 싶은 일만 할 수는 없거든요. 다만 입사할 때 기대했던 일과 완전히 다를 정도라면 회사가 잘못하는 거겠지요. 사무실에서 비서를 하기로 했는데, 운전기사 역할까지 시킨다거나 하는 것처럼 말이에요. 그럴 때 대비해서라도 계약서가 필요한 거예요. 계약서가 어떻게 근로자를 보호하는 것인지 알겠지요? 때로는 보다 적극적으로 법이 나서기도 하는데요. 예를 들어 제 조카 같은 미성년자는 할 수 없는 일들이 있지요."

살짝 시큰둥해지려던 시연이가 자신의 이름이 나오자 조금 관심을 보였다. 김 변은 그 관심을 잃기 싫었다. 다른 학생들이 지루

해지는 것도 막을 겸 분위기를 바꿔보았다.

"어디 퀴즈 한번 내볼까? 다들 같이 생각해봐요. 근로기준법에 따르면 다음 중 18세 미만 청소년은 할 수 없는 일이 있어요. 노래방, 숙박업소, 만화 카페, 카페, 해녀, 호프……. 어디 한번 골라 보세요."

시연이는 물론 대학생 언니, 오빠들 역시 헷갈리는 표정이었다.

"노래방이야 술을 파는 곳도 아니고, 요즘 중학생들도 많이 다니던데. 만화 카페는 더욱 그렇고. 그럼 술을 파는 호프랑 숙박업소가 안 되겠네, 밤늦게 일 못하게 하려는 건가?"

대충 비슷한 대답들이었다. 김 변은 빙긋이 웃으며 답을 꺼냈다.

"제가 예로 든 곳들은 모두 18세 미만의 청소년이 일하는 것을 금지하고 있어요. 몸과 마음에 해를 끼칠 수 있는 위험한 곳들이라고 보는 거죠. 만화 카페가 포함된 게 이상해요? 24시간 운영하기 때문에 어떤 사람들이 올지 모르잖아요."

시연이는 받아들이기 어렵다는 표정이었다. 어른들은 입만 열면 뭐든 하지 말라고만 한다고 말하고 싶은 불만스러운 얼굴이었다.

"뭐야, 그게? 그냥 일을 하지 말라고 하지 그래. 할 수 있는 일이 있기나 해요, 김 변?"

"또, 또, 김 변이라고……. 그나마 존댓말은 섞어 쓰는구나. 고마워죽겠네. 할 수 있는 일들이 왜 없어. 패스트푸드점, 술이 없는 음식점, 편의점, 주유소 같은 곳들이 있잖아. 다 너희들 생각을 해서……. 알았어, 그만할게. 아무튼 그렇답니다. 더 이야기하면 우리 조카님이 화를 내실 것 같아서 다음으로 넘어갈게요. 어디 보자. 다음 항목은 근무시간, 그리고 근무기간이 나오지요. 여러분은 앞으로 직업을 갖고 본격적으로 일을 하면 직장에서 어느 정도의 시간을 쓰고 싶으세요? 거기 정은 씨 옆에 앉은 학생 생각부터 들어볼까요."

"전 회사에만 너무 매여 사는 건 싫을 것 같아요. 일이 힘들더라도 출퇴근 시간만큼은 정확하게 지켜졌으면 좋겠어요. '워라밸'이라고 하잖아요. 일과 생활의 균형을 맞추기 위해서 말이에요. 퇴근하면 취미생활도 하고 가족, 친구들과 시간도 충분히 갖고 싶어요. 업무능력을 올리기 위한 공부에 투자할 수도 있겠지요. 회사가 인생의 전부일 수는 없잖아요."

정은이 고개를 끄덕이면서 친구의 이야기를 이어받았다.

"카페에서 일하다 보면 저녁식사를 하고도 다시 일하려고 커피 사러 오시는 손님들이 종종 있어요. 어떤 분들은 야근이 일상이신 것처럼 보이더라고요. 일이 그렇게 많은 건가 궁금하더라고요. 필

---

* '워크라이프 밸런스'를 줄여 이르는 말로, 직장을 구할 때 중요한 조건으로 여기는 일과 개인의 삶 사이의 균형을 이르는 말.

요하면 어쩔 수 없겠지만 날마다 그러는 건 좀 아니잖아요. 그러고 보니 김 변호사님도 날마다 야근하시지요?"

갑작스런 정은의 지적에 김 변호사는 당황한 표정이 역력했다. 뭔가 해명을 하려는 찰나 시연이 대답을 가로챘다.

"김 변, 그러니까 우리 삼촌은 누가 시켜서 그러는 건 아니에요. 자기가 사장이니까 하고 싶은 만큼 일하는 건데요. 사실은 저녁에 딱히 할 일이 없어서 그래요. 저 나이에 아직 여자친구도 없다니까요."

"야, 넌 왜 삼촌 사생활을 가지고……. 그게 아니라 전 이제 막 독립해서 사무실을 운영하기 시작한 거라서 그래요. 이래저래 해야 할 일들이 많기도 하고, 앞으로의 계획도 많고, 집에 있으면 일에 집중할 수도 없고……."

"핑계는 그만 대시지. 어차피 자기 집도 아니고 누나네 얹혀살면서, 무슨. 암튼 전 삼촌처럼 살기는 싫고요. 직장에 들어갈지 독립해서 저만의 일을 가질지는 모르지만 어느 정도 시간을 자유롭게 쓰고 싶어요. 일할 때 집중해서 하고, 아닐 땐 놀 수도 있고. 정해진 출퇴근 시간이 있으면 답답할 것 같아요. 탄력근무제라고 하던가? 요즘 회사들은 그렇게도 운영한다면서요?"

"오오오!"

시연이의 이야기를 듣던 학생들이 제법이라는 듯 감탄의 눈길을 보냈다. 고개를 끄덕이며 동의하는 학생도 있었다. 그 와중에 자기가 빠질 수 없다는 듯이 경호원 청년이 반론을 제기했다.

"그건 네가 아직 어려서 그래. 미래를 위해서라면 열심히 일해야지. 전 시간 따위 따지지 않고 몸이 허락하는 한 일할 거예요. 성실하게 실력을 쌓다 보면 회사에서도 인정받을 수 있겠지요. 그래야 가족과 함께 행복한 삶을 꾸릴 수 있을 거 아니에요."

그러면서 은근히 정은 쪽을 바라보는 것이었다. 정은은 '쟤가 또 왜 저러나!' 하는 표정으로 한숨을 토했고, 다른 친구들 역시 비슷한 상황이 처음이 아니란 듯 킥킥거리며 고개를 저었다. 김 변호사는 다른 이유에서 헛웃음을 지었다.

"하하하, 제가 만약 회사를 꾸려서 직원이 필요하면 꼭 학생을 고용할게요! 묻지도 따지지도 않고 시키는 만큼 다 하겠다는 자세라면 사장 입장에서는 얼마나 좋겠어요."

너무 단순하게만 생각하는 경호원 청년의 태도를 살짝 비꼬는 것이었는데, 청년은 그마저 눈치를 채지 못했다.

"그렇죠? 절 뽑으시는 사장님은 복 받으신 거라니까요."

"멍청아! 그 말씀이 아니잖아. 어떻게 넌 뭘 말하든 힘만 자랑하는 것처럼 들리냐. 하루에 몇 시간이든 돈만 주면 그냥 계속 일만 할 거야? 그렇지. 네 성격에는 월급만 주면 야근이든 뭐든 따지지도 않겠지."

정은이 쏘아붙이는데도 여전히 그렇게 일하는 게 당연하지 않느냐는 표정을 고집하는 청년이었다. 김 변호사는 재미있기도 했지만 한편으로는 답답했다.

"그래요. 분명히 복 받은 사장님일 거예요. 하지만 지난번에도 이야기했듯이 모든 사람이 다 선량한 것만은 아니에요. 그렇게 순수하게만 생각하다가 된통 당할 수도 있지 않겠어요? 어쩐지 누군가 옆에서 보호해줘야 할 것 같은데요, 하하."

"그 누군가가 절대로 전 아니에요."

정은이 고개를 절레절레 흔들며 질색을 했다.

"그런가요? 왠지 전 두 사람이 부러운데요. 아무튼 여러분의 이야기를 들어보면 각자 다 맞는 부분이 있어요. 정리하자면 얼마나 일을 해야 하는지에 관한 법의 태도는 가능한 한 적은 시간으로 하자는 거예요. 생활하는 데 필요한 최소한의 돈을 벌기 위해 너무 긴 시간 일해야 하는 걸 막자는 쪽이지요. 옛날 어르신들이 '뼈 빠지게 일했다'고 이야기하는 걸 들은 적 있을 거예요. 그렇게 일한다면 인간다운 삶을 살 수 없잖아요. 그래서 같은 월급을 받더라도 가능한 한 일하는 시간을 줄이는 쪽으로 노력해왔지요. 1950년대엔 하루 8시간, 그리고 토요일까지 1주일에 48시간을 일하는 게 기본이었어요. 그러다 토요일은 절반만 일하기로 바뀌어서 주당 44시간, 2000년대에 들어서는 1주일에 5일만 근무하는 걸 기준으로 주당 40시간을 기본으로 삼고 있어요. 18세 미만이라면 하루 7시간, 주당 35시간을 넘지 못하는 걸 원칙으로 하고요. 연장 근무나 야간 근무는 가능한 피하면서 꼭 필요한 경우 추가로 수당을 줘야 하고요. 인간은 기계가 아니고, 살아 숨 쉬는 생명이잖아요. 지나친 노동은 건강하고 행복한 삶을 살 수 없게 만드는 거예요. 누구처럼 힘닿는 데까지 일하다가 쓰러지면 어떻게 해요, 안 그래요? 하하. 또 한 가지, 휴식을 위해 꼭 필요한 게 휴가기간인데요. 1년에 정해진 기간의 80% 이상을 출근한 근로자는 법적으로 15일의 유급 휴가를 보장해주고 있지요. 80%가 되지 못해도 1달을 개근하면 1일을 휴가로 쓸 수 있고요. 휴가는 정규직뿐만 아니라 하루에 일정 시간만 일하는 단기 근로자라도 마찬가지예요. 그러니까 아르바이트생도 해당한다는 말이에요. 다만 현실적으로 1년 이상 한 곳에서 아르바이트 하는 사람이 많지는 않아서 주변에서 아르바이트생이 휴가 쓴다는 얘길 들어보지는 못했을 것 같네요."

"하루 8시간 근무가 기준이라고? 어른들이 9시부터 6시까지 일하는 게 그렇게 정해진 거구나. 점심시간 1시간 빼면 딱 8시간이니까."

김 변으로서는 반갑게도 시연이가 뜻밖의 관심을 보였다.

"그래, 우리 조카. 보다 정확하게 말하자면 법적으로 4시간 근무하면 30분 이상, 8시간 근무하면 1시간 이상 쉬는 시간을 주도록 하고 있거든. 밥 빨리 먹는 사람들은 10분 만에도 후다닥 해치우잖아. 그래도 남은 시간은 법으로도 보장하는 휴식시간인 거야."

"그건 그렇게 진지하게 설명하지 않아도 뻔한 내용이잖아. 내가 궁금한 건 따로 있다고."

그러면 그렇지. 삼촌에게 호락호락 멋진 모습을 허락할 시연이가 아니었다.

"어, 그러니까 말이지. 하루 8시간이 기준이면 아빠는 왜 맨날 그렇게 늦느냐는 거야. 1주일에 2~3번은 술 먹고 들어오잖아! 회사에서 회식을 했느니, 부하 직원들하고 회의 겸 저녁을 먹었느니…… 그게 끝이 아니지. 주말에도 종종 골프 치러, 등산하러 나가기도 하고. 그럼 그런 시간도 회사에서 근무로 인정해서 수당을 주는 거야? 하긴, 뭐 엄마랑 싸우는 소리 들어보면 그런 것 같지도 않더라만. 어쨌든 회사와 관련한 시간들이잖아? 아무것도 없는 거야? 일 없을 때 김 변이 끌고 나가서 한 잔씩 마시는 거야 그렇다 치더라도."

"아니, 얘는 무슨 말을…… 야, 다른 분들이 오해하잖아. 내가 언제 형님을 끌고 나갔다고! 너네 아빠가 워낙 사람 좋아하시고, 또 술도 좋아하시니까 내 핑계를 대는 거지. 내가 먼저 술 마시러 나가자고 한 적은 없다!"

김 변호사는 무언가 찔리는 일이라도 있는지 필요 이상으로 손사례를 치며 학생들을 바라보았다. 그런데 반응이 뜻밖이었다. 그저 웃어넘길 줄 알았는데 다들 진지한 눈빛이었다.

"그래서 진짜로 어떻게 하는 거예요? 조카분 물어본 거 저희도 궁금해요. 저희들도 대부분 취직 준비하고 있거든요. 직장 생활하는 선배들이 회식 때문에 스트레스 받는다는 이야기도 많이 해요. 꼭 수당을 받을 수 있느냐 없느냐를 떠나 그런 자리도 회사 업무의 연장이라고 보는 거예요?"

"아……, 당연히 궁금할 수 있겠지요. 아까 근로관계에 관해서 이야기했던 것에 비춰보면 어떨까요? 선택할 수 있는 게 아니라 직장에서 시키는 대로 해야 하고, 대가를 받고 노동력을 제공하는 거라고 했잖아요. 그런데 회식은 아무래도 일을 하는 건 아니잖아요. 친목도모라던가, 열심히 일을 해보자며 사기를 북돋는 거지요. 골프나 등산, 체육대회 같은 것들도 마찬가지예요. 꼭 참가해야 하는 것도 아니고 중간에 일찍 자리를 뜰 수도 있어요. 당연히 회사에서 수당을 지급하지도 않겠지요. 참고로 업무는 아니더라도 공식적인 회식이나 행사에서 부상을 입으면 산업재해로 인정해줘요. 하지만 그건 국민의 생명, 건강을 넓게 보호하기 위한 거니까 다른 차원의 이야기지요."

"저희도 수당을 바라고 물어본 건 아니에요. 참석하지 않아도 된다고 하시지만, 현실은 그렇지 않다고 하던데요? 조카분 아버지도 자주 늦으신다면서요."

"물론 그런 면이 있지요. 사회생활하며 일어나는 모든 일을 칼로 자르듯이 법대로 하기는 어려워요. 근무시간 외에 회식이 있기도 하지만, 반대로 법적인 휴식 시간 외의 시간에도 일하다 힘들면 커피 한잔 하면서 잠깐씩 쉬기도 하잖아요? 그걸 회사에서 안 된다고 하면 어떻겠어요? 그래도 요즘은 업무와 사생활을 구별하고 존중하는 방향으로 회사 문화가 많이 바뀌고 있으니까 너무 걱정들 마세요. 시연이 아버지만 해도 조금 연배가 있으신 편이고, 사람들 만나 술 드시는 걸 너무 좋아해서 그러는 거예요. 조카님, 아빠한테 고자질하면 절대로 안 된다!"

"하는 거 봐서!"

시연이의 당돌한 말투에 다시 가벼운 웃음이 흐르고, 학생들의 표정이 풀리는가 싶었는데 도통 말이 없던 학생 하나가 조용히 입을 열었다.

"그래도 그렇게 출퇴근 시간, 회식 시간 따질 수 있으면 좋겠네요……. 아시잖아요. 요즘 대학생들도 취직하기 너무 어렵다는 거. 좋은 회사 정규직 되는 건 정말 하늘의 별따기잖아요……."

가벼운 한숨으로 끝을 맺는 학생의 이야기에 다른 친구들도 고개를 끄덕이며 공감을 보냈다. 사실 김 변호사 역시 대학 시절 직장에 대한 고민이 적지 않기도 했다. 로스쿨이냐, 취업이냐를 정하기 위해 뜬 눈으로 뒤척인 밤도 많았다.

"그래요. 장래에 대한 생각들이 많을 거예요. 어쩌면 그 계약서에 계약기간이라고 써 있는 게 원망스러울지도 모르겠네요. 흔히 정규직, 비정규직으로 나눠 부르지요. 기간제 근로자, 단시간 근로자, 파견 근로자처럼 근무 시간이나 형태에 따라 정확한 명칭이 있기는 하지만, 정년이 보장되지 않기 때문에 통틀어 비정규직이라고 하지요. 하루 8시간, 1주일에 40시간을 보장된 정년까지 일할 수 있는 정규직에 대비되는 개념으로 말이에요. 맞아요. 계약기간이라는 항목은 오로지 비정규직에게만 필요해요. 일을 시작할 때부터 언제까지인지 기간을 정해놓는 겁니다. 그 뒤엔 무얼 할까 불안할 수밖에 없겠지요. 반면 사용자들은 필요할 때만 고용할 수 있는 비정규직을 선호하기 쉽지요. 그래서 그냥 두면 비정규직이 너무 늘어나고, 전체 경제가 불안해질 수 있어요. 그런 부작용을 막기 위해 국가에서 2년을 넘게 일할 때까지 비정규직으로 계속 둘 수는 없도록 법을 만들기도 했어요. 정규직을 고용하라는 거지요. 여러분처럼 사회에 첫발을 내디디는 입장에서는 안정적으로 오래 일할 수 있는 정규직을 원하기 마련이니까, 이런 상황이 걱정스럽기도 할 거예요."

"변호사님이 부럽네요……."

학생이 진심을 담은 눈으로 바라보았다. 잠깐 생각에 잠긴 김 변호사는 웃으며 학생들을 달렸다.

"지금이야 그런 생각이 들 수 있겠지만 사회에 나와보면 또 다를 거예요. 여러분보다 조금 먼저 발을 뗐을 뿐인걸요. 게다가 새로운 길을 찾기 위해 다니던 직장을 나온 상황이거든요. 우리 조카에게 물어보세요. 제가 요즘 얼마나 발버둥을 치고 있는지. 그리고 막상 사회에 나와보면 생각보다 여러분을 기다리고 있는 일들이 많다는 것도 느낄 거예요. 중요한 건 두려워만 하지 말고 앞으로 나가서 걷기 시작하는 거랍니다. 뭐가 기다리고 있는지 길을 가봐야 만날 거 아니에요? 그러니까 젊은이답게 힘을 꽉꽉 주고 앞으로! 일단 발을 떼세요! 문을 열어야 넓은 세상을 볼 수 있어요. 저기 봐요. 정은 씨 남자친구 얼마나 씩씩해 보여요, 하하하!"

분위기를 바꿔보려 썰렁한 마무리를 한 것이었는데, 효과는 별로 없었다. 김 변호사는 도와달라는 간절한 눈빛으로 시연을 바라보았다. 다행히 눈치 빠른 시연이 호응을 해줬다. 처음 보는데도 경호원 청년에게 천연덕스럽게 '오빠'라며 친한 척을 했다.

"난 배고프네, 벌써! 일요일인데 김 변이 일찍 깨워서 그렇잖아. 오빠, 아까 가지고 온 거 뭐예요? 마카롱이지요? 그거랑 언니들이 사온 거 먹으면서 하면 안 돼요? 어려운 이야기 듣고 있으려니까 당 떨어졌어!"

투정부리는 듯한 시연의 애교에 학생들 표정이 가까스로 풀렸고, 들고 왔던 간식거리들을 주섬주섬 테이블에 올려놓았다. 특히 '오빠' 소리에 기분이 좋아진 청년은 뿌듯해하기까지 했다.

"그래. 이거 수제 마카롱인데, 정은이도 엄청 좋아하는 거야!"

"좋아하는 척해주는 거야! 자랑할 데가 없어서 중학생 동생한테 까지 그러냐? 진짜 내가 너랑 어딜 다니지를 못하겠어."

정은이 못마땅해하며 둘이 또 아웅다웅했다. 분위기가 정상으로 돌아온 것이었다. 물론 그러거나 말거나 시연은 한 입 가득 레몬향 나는 마카롱을 베어 물고 있었다.

"와! 진짜 맛있다. 이거 완전 비싸겠는데요? 오빠는 학생인데 벌써 돈도 잘 버나 봐요? 아니면 원래 금수저인가?"

당돌하기까지 한 시연이의 거침없는 말투에도 청년은 오히려 신이 난 모양이었다.

"하하하, 금수저는 무슨. 그건 아니고, 이 오빠는 선배님이 운영하는 피트니스 센터에서 수영 강사로 일을 돕고 있거든! 그래서 뭐 아주 많이는 아니지만 일반 학생들이 아르바이트하는 수준은 넘게 받고 있어. 선배님이 그러시는데 직장인들이 받는 최저임금보다도 더 주는 거라고 하더라고. 멋지지? 그럼 일반적인 아르바이트보다는 훨씬 더 받는 거겠지."

청년의 자랑은 사실과는 전혀 다른 엉뚱한 소리였다. 다행스럽게도 김 변호사가 나설 틈도 없이 정은이 급하게 말을 끊었다.

"자, 잠깐만! 이 바보야, 엉뚱한 소리 하지 마! 정말 내가 못 산다, 진짜. 그런 거 아니라고 이야기해줬잖아. 아르바이트생도 최저임금은 무조건 받는 거라니까. 그렇지요, 변호사님? 그리고 넌 도대체 시급으로 얼마나 받는다는 거야? 이야기도 안 해주고 말이야. 그리고 올해 최저임금이 얼마인지 알기나 하고 많이 받는다고 하는 거야?"

잠시 어리둥절해하던 청년은 살짝 볼멘 표정으로 대꾸했다.

"선배님이 다른 데서 이야기하지 말라고 했단 말이야. 특별히 잘해주는 건데, 소문나서 다른 사람들까지 올려달라고 하면 곤란하다고……. 그리고 변호사님, 최저임금은 월급 받는 직장인들이나 따지는 거지 우리 같은 학생들은 해당 안 되는 거 아니에요?"

김 변호사의 정리가 필요한 차례였다. 법전을 뒤적이다 큰 소리로 한 구절을 읽기 시작했다.

"국가는 법률이 정하는 바에 의하여 최저임금제를 시행하여야 한다. 헌법 제32조 제1항이네요. 그냥 이야기해도 되는데 굳이 헌법 조문까지 읽어드린 이유가 뭘까요? 그만큼 중요한 제도라는 거예요. 근로자들은 임금을 통해 얻는 소득에 생계가 달려 있잖아요. 경제적으로 최소한의 안정적인 생활을 할 수 있는 것은 물론 인간으로서 어느 정도 문화생활까지 할 수 있을 만큼은 소득이 있어야 해요. 그런데 그냥 사용자가 알아서 정하라고 맡겨만 놓아서는 충분한 임금을 보장받지 못할 수도 있잖아요. 사람 마음이라는 게 아무래도 임금을 조금 주면 이익을 많이 남길 수 있다고 여기기 쉬울 테니까요. 그래서 헌법에 따라 법으로 최저임금제를 보장해놓았어요. 근로자라면 누구나, 그러니까 어떤 일을 시키든 모든 사업장에서 최저임금은 보장해줘야 한다는 겁니다. 지난번에 제가 뭐라고 했지요? 아르바이트생도 근로자라고 했지요? 그러니까 당연히 최저임금의 적용을 받아요. 정은 학생 말이 맞는 거예요. 그리고 임금이란 건 꼭 월급만을 가리키는 말이 아니에요. 시급, 수당, 보수 뭐라고 부르는지는 중요한 게 아니에요."

하는 말마다 틀렸다는 지적을 받아서인지 이번만큼은 청년도 뾰로통해 보였다. 게다가 김 변호사가 결정적인 한 방을 날렸다.

"선배님이 시급을 얼마나 주시는지 저까지 궁금해지네요. 말하길 꺼리는 것 같으니 이렇게 해봐요. 올해 최저임금이 얼마인지 모르지요? 제가 귓속말로 알려줄 테니까, 선배님이 정말로 많이 주시는 건지 고개만 끄덕여봐요. 그럼 선배님하고 약속도 지키는 거잖아요?"

그러고는 김 변호사는 귓가에 다가가 혼자만 들을 수 있게끔 올해 최저임금을 말해주었다. 그러자 청년의 표정이 딱딱하게 굳더니 억지로 고개를 끄덕였다.

"아주, 조금 더 받기는 하네요……."

믿었던 선배님에 대한 실망감 때문인지, 기가 팍 죽은 모습이었다. 정은도 이번에는 안쓰러워 보였는지 남자친구를 달래줬다.

"네가 잘못한 게 아냐. 사람을 너무 믿고 착해서 탈이지. 선배님이 완전히 거짓말을 한 것도 아닌 모양이네. 네가 마음에 드니까 함께 일하고 싶어서 조금 허풍을 떠셨나 보다. 대신 있잖아. 내가 그랬지? 늑대처럼 다른 사람을 해치는 삶을 살아서는 안 되지만, 토끼처럼 쫓기며 살지도 말자고. 코끼리처럼 육식동물도 함부로 할 수 없는 당당함을 갖추자고 말이야. 오늘 변호사님 만나서 이런 이야기들을 듣고 있는 것도 그래서잖아. 멍청아, 힘내!"

그렇게 정은이 남자친구를 다독이고 있자 다시 시연이가 나섰다.

"근데 김 변, 그 임금이라는 게 들쑥날쑥하기도 하는 거야? 며칠 전에 엄마랑 아빠랑 대판 싸운 거 알지? 지난해보다 보너스가 조금 나왔다고 난리던데? 아빠한테 비상금으로 빼돌린 거 아니냐고 막 다그치고 그랬잖아."

"알지, 크크크. 누나는 진짜 형님을 왜 그렇게 못 잡아먹어서 안달인지 모르겠다. 아, 조카 엄마 이야기하는 거예요. 지난해에는 형님네 회사 실적이 좋아서 상여금이 많이 나왔던 거라고, 내가 보증한다고 했는데도 말이야. 그래요. 임금에 대해 조금 더 정확하게 이야기를 해야겠네요. 근로자가 노동력을 제공한 대가로 받는 겁니다. 월급, 주급처럼 정해진 기간에 계속해 정기적으로 줘야 하고요. 돈으로 주는 것을 원칙으로 하고 회사와 노조가 상의해 특별한 경우 주식이나 상품권을 줄 수도 있지요. 상여금이라고 이름을 붙였더라도 회사에서 늘 똑같은 때, 똑같은 금액으로 주는 거라면 임금으로 들어가요. 그게 아니라 예를 들어 유난히 회사 실적이 좋아서 직원들에게도 이익을 나눠주기 위해 특별히 지급하는 상여금이라면 임금이 아니에요. 다음해에 또 받을 수 있을지 알 수 없지요. 우리 형님, 그러니까 시연이 아빠가 작년에 받았던 상여금이 그랬어요. 나중에 취업하고 급여 명세서를 보면 기본급 말고도 각종 수당, 상여금, 식대, 교통비 등등 여러 가지 이름이 붙은 금액이 있을 거예요. 정기적으로 지급하는 거라면 모두 다 임금으로 봐요. 국민연금, 건강보험, 고용보험 같은 보험료는 실제로 받지는 않지만 근로자 몫으로 회사에서 대신 내주는 것이니까 역시 임금에 포함돼요. 시연이는 아빠한테 한번 보여달라고 해. 아빠가 얼마나 힘들게 일을 해서 돈을 버는지, 함부로 쓰면 안 된다는 생각이 들지도 모르잖아. 여러분도 주변에 회사 다니는 선배나 다른 가까운 사람 있으면 보여달라고 하세요. 제가 이야기했던 걸 떠올리면서 말이에요. 그럼 이해하기 쉬울 거예요.”

고개를 끄덕이며 설명을 듣던 학생들 중 하나가 불쑥 손을 들었다.

“그런데 일을 하고도 임금을 못 받으면 어떡해요? 아르바이트하고도 돈 떼였다는 이야기를 종종 듣거든요.”

“그럴 땐 김 변호사를 찾아오셔야죠, 하하하. 어라, 웃자고 한 이야기였는데 재미없나 봐요? 흠흠, 그런 경우가 종종 있지요……. 그런데 저를 찾으시라는 게 그냥 한 농담은 아니었어요. 근로자와 사용자는 근로계약을 체결한 거잖아요. 노동력을 제공하고 그 대가로 임금을 지급받기로 약속한 겁니다. 그냥 약속이 아니고 법률관계인 거예요. 우리가 일상생활에서 자주 맺는 다양한 약속들하고 뭐가 다를까요?”

이젠 굳이 지목하지 않아도 청년이 나서야 하는 분위기였다. 김 변호사뿐만 아니라 다른 학생들도 자연스레 청년의 대답을 기다렸다.

“어, 어, 그러니까 법률관계라면……. 변호사님이 필요하다는 뜻인가요?”

“큭큭큭.”

어벙해 보이는 대답에 학생들은 웃음을 참지 못했다. 김 변호사도 미소를 띤 얼굴이었다.

“놀리지들 말아요. 정답을 알고 있는 사람도 없잖아요, 하하. 게다가 완전히 틀린 말도 아니거든요.”

그 말에 막 기가 죽으려던 청년의 얼굴은 금세 다시 밝아졌다. 스포츠맨답게 반사신경 하나는 정말 좋은 모양이었다.

"왜냐하면 법률관계에서는 약속을 어기면 법원으로 갈 수 있거든요. 약속에 따른 권리와 의무가 생기고 이를 지키지 않았을 때 강제로 지켜달라고 요구할 수 있는 거예요. 근로계약에 따라 임금을 받을 권리가 있는데도 사용자가 이를 지키지 않으면 법원에서 대신 강제로 받아줍니다. 거꾸로 근로자가 약속을 지키지 않아 사용자가 손해를 입으면 그걸 배상하도록 하기도 하고요. 사람들 사이에 생긴 일을 해결해준다는 뜻에서 '민사소송'이라고 해요. 친구들이랑 밥 한번 먹자고 한다든가, 영화를 같이 보기로 했는데, 그걸 지키지 않는다고 소송을 할 수는 없잖아요? 일반적인 약속과 법률관계의 차이예요. 법원에 갈 때 변호사 도움을 받을 수도 있으니까 정은 씨 남자친구가 틀린 이야기를 한 건 아니에요, 하하."

김 변호사는 꼭 변호사를 통하지 않더라도 근로계약서를 증거로 밀린 임금을 달라는 소액재판을 할 수 있고, 회사 재산을 법원이 강제로 빼앗아 근로자에게 주는 압류에 대해서도 설명했다. 밀린 임금이 있다는 증거가 분명하다면 지급명령이라는, 보다 간단한 절차도 이용할 수 있다고 덧붙였다. 그리고 그런 절차를 이용하기 위해서라도 근로계약서는 꼭 받아야 한다고 다시 한번 강조하는 것도 잊지 않았다. 그런데 쉽게 말한다고는 하지만 생소하기만 한 내용인지라 시연이 살짝 투정을 부렸다.

"그래서 맨날 조카한테도 이거 사준다, 저거 먹으러 가자 거짓말만 하는 거야? 법원에 가지 않아도 되는 약속이라 안 지키는 거야? 아는 사람이 더 무섭다고 말이야. 어려운 이야기만 잔뜩 늘어놓고……. 조카 상대로 그러는 건 범죄 아니야? 고소할까?"

"아니, 내가 언제? 얘가 또 황당한 소리를 하네. 어쨌든 이야기는 잘 꺼냈다. 임금을 못 받았을 때는 형사절차를 밟을 수도 있거든요. 근로자는 사용자에 비해 아무래도 힘이 약한 쪽이잖아요. 그래서 근로기준법은 임금을 주지 않는 사업주를 징역형이나 벌금형에 처할 수 있도록, 아주 강하게 만들어놨어요. 임금을 주는 건 그만큼 중요한 약속이라 형벌까지 내릴 수 있도록 한 거지요. 형사고소를 하면 재판하는 과정에서 못 받은 임금을 받을 수 있는 절차도 따로 있어요. 조카님, 삼촌을 고소한다고 하면 어떻게 해? 그러지 말고, 이야기 끝나고 맛있는 거 먹으러 갑시다! 고소는 없던 일로, 오케이?"

"어디 믿을 수가 있어야지. 아니다. 이렇게 많은 사람들이 보고 있으니까, 증인이 충분히 있는 셈이네. 이번에는 거짓말 못하겠지, 오케이!"

시연이 덕분(?)에 딱딱한 이야기들을 웃으며 나누고 있었다.

"제가 집에서 사무실 이야기를 종종 하는 바람에 우리 조카가 저렇게 됐네요. 전 절대 거짓말 한 적 없다는 거 다시 한번 말씀드리고요. 자, 조카님이 얼떨결에 중요한 걸 짚었어요. 민사소송, 형사절차를 하는 데 가장 중요한 건 어쩌면 증거예요. 증인도 증거의 한 가지이지요. 근로계약서가 중요하다는 건 이제 확실히 알았죠? 그런데 여러분처럼 근로계약서를 가지고 있지 않은 상황에서 임금을 못 받으면 어떻게 할까요? 혹은 증거가 있더라도, 법원부터 가는 게 선뜻 엄두가 나지 않을 수도 있겠지요. 그렇다면 우선 고용노동부를 찾으세요. 지역별로 상담센터를 운영하고 있고, 인터넷으로 신고할 수도 있어요. 그러면 근로감독관이 나서서 조사를 해주거든요. 직접 임금을 받을 수 있도록 도와주기도 하고 바로 해결이 안 되더라도 소송에 필요한 증거 자료를 만들어주기도 해요. 여러분 입장에서는 가장 먼저, 쉽게 알아볼 수 있는 절차이겠네요."

그렇게 시연이와 학생들은 김 변호사의 설명에 따라 근로계약서를 순서대로 짚으며 근로계약 내용을 살펴보았다. 고작해야 A4용지 한 장도 안 되는데, 그 안에 그렇게 많은 내용이 들어 있었다는 사실이 놀라웠다. 김 변호사는 작은 것 하나라도 빠뜨리지 않으려는 듯 거듭해서 계약서를 살펴보며 이야기를 이어갔다. 그리고 드디어 마지막 항목을 설명하기 시작했다.

"이제 '계약의 해지' 부분을 볼까요. 여기 나와 있는 내용들은 일종의 예시입니다. 그런데 읽어보면 어떤 공통점이 보이지 않아요? 근무태도가 불량하다거나, 3일 이상 무단결근한다는 내용은 사실

겹치는 거지요. 업무수행능력이 부족하다고 써놓았지만 아르바이트를 하는 데 특별히 능력이 부족해 문제가 되는 경우는 많지 않을 거예요. 그보다는 역시 열심히 노력을 하지 않는다는 거겠지요. 예로 든 것들을 저는 한마디로 약속을 지키지 않았다고 말하고 싶네요. 어쩔 수 없이 그만둬야 할 때도 2주 전에 미리 알려달라고 한 것도 약속을 존중하는 차원인 거지요."

"약속이요?"

누구랄 것도 없이 학생들이 반문했다.

"그래요. 약속을 잘 지켜야 한다는 것이에요. 여러분은 모두 사회에 나와 좋은 직업을 갖고, 돈도 많이 벌어 잘살고 싶을 거예요. 그러기 위해 무엇이 필요할까요? 전 딱 하나를 꼽으라면 '약속'을 말할 거예요. 근로계약은 근로자와 사용자 사이의 약속이잖아요. 근무태도가 불량하다는 것은 그 약속을 지키지 않는다는 것이구요. 그런 사람은 한 번 일자리를 잃는 데서 그치지 않을 거예요. 다른 회사에서도 마찬가지일 가능성이 높지요. 사용자가 임금을 지급하지 않아 약속을 깨는 경우도 그렇지요. 그런 회사에서 일하고 싶어 할 근로자는 없을 겁니다. 사용자든 근로자든 약속을 잘 지켜야 함께 일하고 싶을 테고, 많은 수익을 기대할 수 있지요. 세상의 모든 계약이 다 약속이잖아요. 똑같은 이유에서 약속을 잘 지키는 사람들이 사회에서 존중받고 성장할 수 있을 겁니다. 사실 법이란 것도 그래요. 많은 사람들이 어울려 살기 위해 지켜야 할 약속들을 정해놓은 거잖아요. 누가? 국민 모두를 대표하는 국회에서요. 결국 우리 스스로가 하는 약속인 거예요. 그것을 스스로 잘 지킬 때 다른 사람들도 그 사람과의 약속을 잘 지켜주고, 그러다 보면 결국 사회에서 성공할 수 있을 거예요. 그렇지 않을까요?"

"오오오! 정말 그러네요!"

다른 학생들도 고개를 끄덕였지만, 경호원 청년은 새삼스레 커다란 진리를 깨달은 것처럼 격렬하게 반응했다. 정은은 못 말리겠다는 듯한 표정이었지만 그래도 따뜻한 말투로 받아주었다.

"그래. 단순한 게 네 장점이지. 맞는 말이다 싶으면 스펀지처럼 쪽쪽 잘 받아들이기도 하고 말이야. 대신 머리를 너무 텅 비워놓지만 말고 좀 채워 넣기도 하면 안 되겠니? 게임만 하지 말고 책도 읽고 뉴스에도 관심을 가지고, 제발! 그래야 세상이 어떻게 돌아가는지 알 거 아냐."

"내가 뭘? 그리고 가만히 있어도 네가 필요한 거 잘 알려주잖아. 안 그래? 하하."

참 넉살 좋은 웃음이었다. 다른 사람에게도 웃음을 주는 것 역시 잊지 않았다.

"그런데 변호사님, 제목이 왜 '계약의 해지'예요? 사장님이 '너 나가!' 하면 잘리는, 그러니까 해고가 맞는 표현 아닌가요?"

김 변호사는 도저히 미워할 수 없다는 듯 고개를 절레절레 흔들었다.

"해지랑 해고는 다른 거예요. 해지라는 건 서로 계약을 끝내겠다는 것이지요. 이러저러한 일이 있으면 더 이상 이 계약을 지킬 수 없다, 라고 처음부터 정해놓는 겁니다. 반면에 해고는 사용자가 일방적으로 근로관계를 끝내겠다고 통보하는 거구요. 약속에 따른 것이 아니니까 이 계약서에 없는 거지요. 그런데 지금 말한 것처럼 아무 때나 '너 나가!'라고 하면 해고가 되는 걸까요?"

"사장님이 나가라고 하면 그만둬야지요. 따질 게 뭐 있어요?"

"……."

"야, 이 멍청아!"

정은의 얼굴에서 다시 따뜻한 기운이 사라졌다. 창피함 때문인지 어쩔 줄 몰라 하며 두 손으로 얼굴을 파묻었다. 물론 김 변호사와 다른 학생들은 그 모습까지 정겨워 보일 뿐이었지만.

"하하, 정은 학생은 진짜 책임감을 가지고 남자친구 보살펴줘야겠어요. 저렇게 착한데 어쩌겠어요, 그쵸?"

"몰라요!"

왜 저렇게 여자친구가 어쩔 줄 몰라 하는지, 내가 더 모르겠다는 표정의 청년을 보며 김 변이 다시 말을 이었다.

"모든 사람이 다 선량하기만 한 건 아니라고 제가 그랬잖아요.

잘못한 일도 없는데 무작정 나가라고 하면 안 되지요. 그럴 만한 사정이 없는 한 부당해고니까요. 뭘 더 물어보면 정은 학생이 폭발할 것 같으니까, 어떨 때 정당한 해고가 되는지 그냥 말해볼게요. 해고를 포함해 어떤 판단이 법적으로 올바르냐 그르냐를 따지는 공통적인 기준이 있어요. 결론인 내용, 그리고 그런 결론을 내리는 과정, 조금 어려운 용어로 실체적 정당성과 절차적 정당성 모두를 충족시켜야 해요. 어디 보자. 그래요, 이런 예를 한번 들어볼게요. 뉴스에서 극악무도한 범죄를 저지른 살인자가 잡혔다는 소식이 나왔어요. 감정적으로는 대부분 사람들이 당장 크게 혼을 내야 한다고 여길 거예요. 그런데 어떻게 하죠? 설령 살인자가 스스로 범죄를 자백하고 있다고 하더라도 재판을 열지요. 정말로 확실한지 판사가 증거들을 확인하고, 변명할 기회도 줘요. 심지어 판결을 내릴 때까지 무죄로 여긴다고도 하잖아요. 그런 절차를 거쳐 사실관계를 분명하게 하고, 그 과정에서 만들어진 여러 가지 자료를 근거로 법이 정해놓은 기준에 따라 형벌을 줍니다. 형사소송뿐만 아니라 국가의 모든 행정, 사법은 이런 방법을 따라야 해요. 법에 따라 다스려지는 나라, 법치주의라고 하잖아요. 해고라는 건 개인이 운영하는 기업에서 이뤄지는 일이지만 마찬가지 원리를 따르도록 법이 정해놓은 거예요. 당하는 근로자 입장에서는 커다란 불이익이기 때문에 사장이라고 자기 마음대로 할 수 없도록 보호해주는 거지요. 그럼 어떤 일이 있을 때, 해고가 실체적 정당성을 가질까요? 간단히 말해 더 이상 근로관계를 유지할 수 없을 정도로 근로자에게 잘못이 있는지를 따지는 운전면허가 필요한 일들이 있지요. 버스, 택시 기사분들이나 혹은 배달 아르바이트도 그렇지요. 그런데 술을 마시고 운전을 해서 면허증을 잃었다고 가정해봐요. 사장님 입장에서는 그만두라고 할 수밖에 없겠지요? 또 회사의 고객 정보를 빼돌려 비슷한 일을 하는 다른 회사에 넘겼다면 어떻겠어요? 회사는 단골 고객들을 잃을지도 모르지요. 해고는 물론이고 형사처벌을 받을 수도 있을 거예요. 배달하던 음식을 훔쳐 먹거나 손님에게 받은 돈을 빼돌리는 것도 마찬가지고요. 면허가 없는데, 있는 것처럼 거짓말을 하고 아르바이트를 했다면 역시 해고할 수밖에 없겠지요. 사고라도 일으키면 회사가 책임을 져야 할 수 있으니까요. 대신에 단순히 능력이 조금 떨어진다는 이유로는 정당한 해고 사유가 되기 어려워요. 일을 얼마나 못해야 능력이 부족하다고 할 수 있을지, 막연한 기준으로 일자리를 잃게 만드는 거잖아요. 고용할 때 충분히 검토를 하고 뽑아야 하니까 일을 잘할 수 있도록 훈련시키는 건 회사의 책임일 가능성이 높아요. 그리고 이런 일들이 있다고 해서 곧장 해고하는 것이 가능할까요? 아니요. 살인자에게조차 변명의 기회를 준다고 했잖아요. 사장님이 오해하고 있을 수도 있으니까요. 해고는 반드시 해고 사유와 언제부터 해고인지 그 시기를 적은 서면으로 통지해야 한답니다. 적힌 내용이 사실과 다르면 근로자는 해명할 수 있는 기회를 가질 수 있도록 하는 거예요. 더 나아가서 설령 해고 사유가 충분하다고 하더라도, 적어도 30일은 여유를 주고 해고해야 합니다. 그렇지 않으면 30일치 수당을 줘야 해요. 모두 근로자를 보호하기 위한 장치지요. 묻지도 따지지도 않고 아무 때나 '너 나가!' 하는 식으로는 안 된다는 거예요. 알겠지요?"

고개를 끄덕이며 듣던 학생 하나가 불현듯 생각난 일이 있다며 손을 들었다.

"해고 전에 30일의 여유를 줘야 한다고 하셨잖아요? 그럼 근로자도 마찬가지인가요? 생각해보니 예전에 식당에서 아르바이트 했을 때 사장님이 비슷한 이야기를 했어요. 미리 말하지 않고 그만두면 손해배상을 해야 한다면서, 부족한 날짜만큼 급여를 물어내야 한다고요. 그래서 일 시작하면서 한 달만 하겠다고 먼저 정하고 시작했던 기억이 나요. 방학이라 시작했던 일이었거든요. 사실 같이 일하던 친구들도 일을 맘에 들어 하고 더 길게 하고 싶다고 했었는데, 날짜가 애매해서 진짜로 딱 한 달만 하고 말았어요."

"아르바이트 학생에게 손해배상을 청구하겠다고 말했다는 거지요?"

김 변호사는 한숨과 웃음을 동시에 내뱉으며 학생들을 둘러보았다. 뭔가 답답한 듯해 보였지만 딱히 학생들이 그 대상은 아닌 것 같았다.

"아마 그 사장님이 조금 전에 설명한 근로관계 종료에 대한 내용을 거꾸로도 적용할 수 있다고 오해했던 모양이에요. 해고를 할 때 최소한 30일 여유를 줘야 한다는 걸 듣고, 근로자도 고용주에게 30일 이전에 그만두겠다고 통보해야 하는 걸로 말이에요. 거꾸로는 아니에요. 근로자가 일을 그만두고 싶은데도 계속하라고 하면 그건 강제 노동이잖아요? 근로자는 언제든지 그만두고 싶을 때 그만둘 수 있다고 법으로 정해놓았어요. 하지만 너무 갑작스러우면 사장님 입장에서 다른 사람을 찾기 어려울 수 있잖아요? 그래서 우리가 보고 있는 계약서에는 근로자가 근무일 기준 2주 전에 통보해달라고 정해놓은 거예요. 다만 법에서 언제든지 그만둬도 좋다고 정해놓았기 때문에 이 약속을 지키지 않았다는 사실만으로 손해배상을 청구할 수는 없어요. 그렇더라도 앞서 말했듯이 약속을 지키는 건 꼭 필요한 덕목이라는 사실은 잊지 말아요."

질문에 대한 대답이 다시 질문을 불러왔다.

"그럼 어떨 때 손해배상을 청구할 수 있어요?"

"손해가 있을 때 손해배상을 청구할 수 있지요."

말장난이라도 하듯 반복된 질문과 대답이었다. 김 변호사도 학생들도 뭐가 뭔지 헷갈리는 표정들이었다. 역시 김 변호사가 풀어야 했다.

"저한테는 당연하게 여겨지는 일이 여러분에게는 그렇지 않을 수도 있겠지요? 법률용어는 많이 압축되어 있어서 그래요. 단어 하나하나를 잘 뜯어서 읽어야 하거든요. 하긴, 뭐 여러분들 말 줄여 쓰는 것도 저는 하나도 모르겠던데요. 그냥 그거랑 비슷하다, 알고 보면 별거 아니라고 여기세요. 누군가가 잘못해서 다른 사람에게 정신적이든 물질적이든 손해를 끼쳤을 때 손해를 물어달라고 요구하는 걸 손해배상청구라고 해요. 일부러든, 실수로든 말이에요. 그런데 근로자가 일을 그만두는 건 법에서 허용하고 있다고 했잖아요, 그러니까 잘못한 게 없는 거잖아요. 그리고 근로자가 그만뒀다는 사실만으로 당장 무슨 손해가 발생하는 것도 아니지요? 일손이 필요하면 구하면 되잖아요. 꼭 그 사람이 있어야 하는데, 당장 그만둬서 경제적으로 손해가 있다고 보기는 어렵습니다.

말이 나온 김에 손해배상에 대해 조금만 더 다뤄봐요, 그럼. 배달 아르바이트를 하는데, 영업시간이 아닌 시간에 가게 오토바이로 묘기 연습을 하다 망가뜨렸다고 생각해봅시다. 이런 경우랑 비교하면 분명하지 않나요? 법적으로 가게 사장님에게 3가지 손해가 발생했다고 해요. 우선 부서진 오토바이 수리 비용이 필요하고요. 수리하는 동안 배달에 필요한 다른 오토바이를 빌리거나 하는 비용이 들지요. 또 사장님은 얼마나 화가 나시겠어요. 정신적 피해가 발생했다고 보는 거지요. 이걸 적극적손해, 소극적손해, 정신적 손해라고 해요. 이 3가지 손해를 배상하라고 하는 거예요. 다만 이 중에서 정신적손해는 웬만하면 앞선 2가지를 배상하면 없어진다고 봐요. 오토바이 망가졌다고 병원에 몸져 누울 정도는 아닐 테니까요. 이 3가지는 어떤 경우에나 일반적으로 따지는 거예요. 계약을 어겼거나 아니면 실수로 다른 사람에게 손해를 끼쳤거나 마찬가지예요. 쉽게 교통사고를 떠올리면 됩니다. 아, 교통사고가 나면 과실이 몇 대 몇이냐 따지는 걸 봤을 거예요. 이건 전체 손해를 서로의 과실 비율만큼, 누가 얼마나 잘못한 건지에 따라 나눠서 배상하기 위해 그러는 거예요. 이런 것들이 일반적인 손해배상 기준이고요. 가끔 특별한 손해가 있기도 해요. 택배로 뭔가 아주 비싼 물건을 보냈는데 잃어버렸다고 생각해봐요. 하지만 택배회사에 그 물건값을 모두 청구하면 조금 억울할 수 있겠지요. 비싼 줄 알았으면 특별히 조심했을 테고, 또 요금도 그만큼 많이 받았을 테니까요. 그래서 그런 특별한 상황은 상대방에게 미리 알려줬을 때만 나중에 손해가 발생해도 물어달라고 할 수 있답니다. 그래요. 이 정도만 기억해둬도 앞으로 사회생활에 도움이 될 거예요."

김 변호사는 경호원 청년을 한 번 더 바라보곤 마무리를 지었다.

"계약서 내용이 하나 더 남았네요. 맨 마지막에 '본 계약에 정함이 없는 사항은 노동관계법령에 따른다'는 문구가 있잖아요. 오늘

제 나름으로는 여러분들에게 중요한 내용을 설명한다고 했지만, 틀림없이 빠진 게 있을 거예요. 아무리 완벽해 보이는 저라고 할지라도 말이에요. 음, 표정 보니 또 쓸데없는 소리를 했네요. 아무튼 계약서도 마찬가지예요. 필요한 부분을 모두 넣는다 해도 빠진 내용이 있을 수 있잖아요. 그럴 때에 대비해 근로자를 보호하기 위해 넣은 거예요. 최소한 법에 정해 놓은 만큼은 보장을 받아야지요. 이걸로 오늘 이야기는 끝내야겠네요."

김 변호사가 말을 마치자 학생들이 감사의 박수를 쳤다. 특히 경호원 청년의 열띤 박수가 이어졌다. 시연이는 가지가지 한다는 듯한 표정이었지만 마지못해 박수를 치는 시늉은 해줬다. 학생들이 떠난 뒷자리를 정돈하며 김 변호사는 시연이에게 물었다.

"어때? 삼촌 멋졌어?"

"몰라. 집에서 보던 때랑 다르기는 하더라. 뭐, 여학생들이 많아서 그랬겠지."

"진짜 칭찬에 인색하네. 그나저나 한참 떠들었더니 배고프네. 맞아, 삼촌이 맛있는 거 사준다고 했지. 어디 보자, 아까 케이크랑 과자 부스러기 먹어서 속도 더부룩한데, 얼큰한 순댓국 어떠냐?"

"아……. 이런 게 문제라는 거구나. 그냥 '맛있는 거'라고만 하니까 이런 부작용이 생기는구나. 계약서는 가능한 한 구체적으로 정확하게 쓰라고 했지. 고맙네, 아주 뼈저리게 깨닫게 해주네. 말도 안 되는 소리 하지 마! 나 요즘 사랑에 빠진 게 있단 말이야. 요 앞에 분홍색 아이스크림 가게 가자. 느끼한 모양이니 시원한 걸 먹으면 딱이네!"

"야, 가뜩이나 단 거 먹어 속 더부룩하다니까 무슨 아이스크림이야. 그러지 말고 순댓국 먹자. 너도 잘 먹잖아!"

"시끄러워. 클레오파트라 언니한테도 순댓국 먹으러 가자고 할 거야? 그 언니 미국에서 왔다고 했지? 부럽다. 미국은 아이스크림 맛있는 데 천지일 텐데. 순댓국 따윈 파는 데도 없을걸."

"야! 거기서 또 왜 클레어 이야기가 나와. 어어, 같이 가! 의자 마저 옮겨놓고 가야 할 거 아냐!"

십대도 꼭 알아야 할
진로와 경제활동 이야기

'경제'라는 단어를 듣고 가장 먼저 떠올리는 것은 돈일 거예요. 우리가 사는 지금 시대는 주머니에 돈이나 신용카드 없이는 단 하루를 사는 것도 어렵습니다. 대부분의 사람들은 어딘가에서 일을 해 돈을 벌고 있지요. 하는 일에 따라 사무직, 생산직, 서비스직 등등 여러 가지로 나누기도 하지만 본질은 똑같아요. 누군가에게 자신이 가진 노동력을 제공하고 그만큼의 대가를 돈으로 받는 겁니다. 민법의 전형계약 14가지 중 고용계약이 이뤄지는 것인데요. 살펴볼까요?

앞서 민법의 3대 원칙 중 첫 번째가 계약자유의원칙이라고 했잖아요. 누구와 어떤 내용으로든 자유롭게 계약을 체결할 수 있다는 겁니다. 얼핏 좋아 보이기는 하는데 늘 그렇지만은 않아요. 사장님과 직원의 관계를 생각해보세요. 일거리를 주고 돈을 주는 것도 사장님이잖아요. 그렇다 보니 사장님과 직원은 절대로 같은 위치에 있다고 볼 수 없습니다. 솔직히 사장님 입장에서야 일은 많이 시키고, 돈은 적게 주면 좋을 거 아니에요. 바빠서 일손이 많이 필요하면 여러 사람을 고용하겠지만, 그렇지 않을 때는 일하는 사람의 수를 줄이고 싶을 겁니다. 사장님이 나빠서가 아니에요. 돈을 버는 데 가장 유리한 쪽으로 움직이는 건 경제에서 당연한 일입니다. 하지만 그렇게 한쪽에만 유리하도록 내버려두면 근로자의 삶이 불안해지겠지요. 물론 반대의 경우에도 마찬가지일 거예요. 근로자 입장에서는 조금만 일하고 많은 돈을 받고 싶어 하겠지요. 하지만 그렇게 해서는 사용자는 수익을 올릴 수가 없고 결국 사업을 중단해야 할 겁니다. 어떤 경우이든 양쪽의 균형을 맞추는

게 꼭 필요해요. 그래서 근로기준법을 비롯한 특별법들을 만들어 꼭

필요한 내용들을 법으로 정해두었답니다. 사용자와 근로자가 임금,

근로시간, 해야 할 일 등을 법이 허용하는 범위 안에서 체결하는 근

로계약이라고 부릅니다. 고용계약의 특수한 형태인 거지요.

2장에서는 곧 사회생활을 시작할 대학생들을 등장시켜 근로계약

의 구체적인 내용들을 하나하나 짚어봤습니다. 어떤 경우에 근로자

로 볼 수 있는지, 임금을 얼마나 어떻게 지급받을 수 있는지, 근무시간과 쉬는 시

간을 얼마만큼 정해두었는지와 정규직과 비정규직의 차이점에 대해서도 알아봤

습니다. 이야기를 풀어 나가기 위해 어쩔 수 없이 학생들이 겪은 좋지 않은 일들,

'나쁜 사장님'을 예로 들기도 했는데요. 사회에는 나쁜 일들만 잔뜩 기다리는 걸

로 오해할까 봐 괜한 걱정이 들기도 했어요. 하지만 꼭 그런 건 아닙니다. 그럴 거

면 법을 뭐 하러 만들어두겠어요. 하지만 법을 잘 몰라서 혹은 정말 못된 마음으

로 다른 사람을 이용하려는 경우도 분명히 있기는 합니다. 그런 함정에 빠지지 않

으려면 어떻게 할까요? 아는 것이 힘이라고들 하지요. 2장에서 알려주는, 근로자

로서 어떤 권리와 의무가 있는지 정도는 미리 알고 있어야 합니다. 어른이 된다는

건 자신의 일에 대해 스스로 책임을 진다는 겁니다. 경제와 관련된 부분에서는 그

런 책임이 직접 이익과 불이익으로 이어집니다. 나중에 근로자가 아닌, 사장님이

되더라도 마찬가지에요. 오직 이익만 좇다 근로자의 권리를 침해하면 자칫 형사처

벌까지 받을 수 있거든요. 몰라서 법을 어겼다는 변명은 통하지 않습니다.

설명을 위한 방법으로 근로계약서 한 장의 내용을 순서대로 살펴보았는데요.

실제로 쓰이는 계약서들과 비교하면 아주아주 간단한 예시일 뿐입니다. 근로계약

서를 꼭 작성해야 한다고 했지요. 근로계약뿐만 아니라 모든 경제활동에서 계약서

는 필수입니다. 물론 계약자유의원칙에 따라 어떤 방식으로 계약할 것인지도 자

유입니다. 서류가 없더라도 계약은 가능합니다. 하지만 말로만 주고받으면 나중에 문제가 생겼을 때 해결할 방법이 막연해집니다. 서로 어떤 약속들을 했는지 기억하는 내용이 완전히 다를 수 있잖아요. 누구 말이 맞는지 알아볼 방법이 없는 겁니다. 계약서를 작성했더라도 어느 한 쪽이 준비해 온 계약서를 제대로 읽지도 않고 도장만 쿡 찍어서도 안 되겠지요. 계약서에 쓰이는 단어들이 낯설어서, 혹은 준비해온 상대방을 믿어서, 여러 가지 이유로 대충 넘겼다가 나중에 당황하는 경우가 결코 적지 않습니다. 계약서가 어려워 보이는 건 많은 내용을 담기 위해 가능한 함축적인 단어를 사용하기 때문인데요. 잘 모르겠으면 그 자리에서 물어서라도 내용을 명확하게 파악한 다음 계약을 체결해야 합니다. 추가하고 싶은 내용이 있으면 잘 아는 말로 풀어서 써 넣으면 되고요. 꼭 법률용어를 사용해 계약서를 써야 한다는 법은 없거든요. 계약이란 법이 강제로 지키도록 만드는 권리, 의무가 생기는 약속이라고 했잖아요. 무슨 일을 해야 하는지도 모르고 덜컥 약속을 해서는 안 되겠지요.

법이 강제로 지키도록 만든다는 것은 약속을 제대로 지켜지지 않았을 때, 법원이 나선다는 것인데요. 권리와 의무의 구체적인 내용은 계약에 따라 정해지는 것이니까, 어떻게 지켜야 하는지까지 법으로 정해놓을 수는 없겠지요. 대신 어겼을 때는 원칙적으로 돈으로 메우도록 하고 있습니다. 민법의 3대 원칙 중 과실책임의 원칙이 그렇게 적용되는 겁니다. 계약의 내용들은 천차만별이기 때문인데요. 예를 들어 A라는 상품을 만들어주기로 한 약속을 지키지 않아서 손해가 발생했다면 이를 돈으로 배상하도록 하는 겁니다. 얼마만큼의 손해가 발생했다고 볼 것인지 계산하는 방법은 앞서 설명했고요. 적극적, 소극적, 정신적 3가지 손해를 따져 본다고 했지요. 과실책임, 그러니까 실수를 저지른다는 건 조심하지 못했다는 것인데요. 결국 계약 내용을 성실하게 이행하지 않았기 때문일 겁니다. 돈을 벌기 위한 경제활동인데, 잘못하면 돈을 잃게 만들 수 있다는 거지요. 약속을 잘 지켜야 한다는 결론은 이번 장에서도 동일한데요. 다만 그렇게 하기 위해서는 먼저 어떤 약속을 하는지부터 잘 알고 있어야 한다는 겁니다. 그래야 법도 도와줄 수 있다는 것이고요.

세상을 꽃 피울 계획

3장의 키워드

#법인 #합자회사 #합명회사 #유한책임회사

#주식회사 #유한회사 #블루오션 #레드오션

#블랙오션 #소매업 #매매 #청약 #소유권 #계약금

#중도금 #잔금 #매수인 #부동산등기부 #동산

#소유권유보부매매 #매도인 #도급계약 #중도매인

#경매장 #도매상인 #소매상인 #소매업자

#제로섬게임 #시장경제 #유통 #부동산 #동산

"꽃집을 열겠다고? 한국에서?"

1년 전 여름. 미국 LA의 한 아이스크림 가게였다. 클레어는 처음으로 꽃집을 차릴 계획을 세상에 공개했다. 몇 해 전 휴가 때 한국을 찾았다가 우연히 머릿속에 심어진 생각이 점점 커져갔던 것이었다. 하나하나 구체적인 계획들이 떠올랐고 어느 순간 확신으로 바뀌었다.

"뭐야, 어쩐 일로 이런 곳에서 보자고 하나 싶더니. 달달한 이야기라도 들을 수 있을까 기대한 내가 잘못이지. 엉뚱한 줄은 알고 있었지만 그래도 너무 황당한데? 갑자기 무슨 소리야?"

데니스는 클레어와 같은 회사에 다니는 회계사였다. 클레어처럼 중학교 때 부모님을 따라 미국으로 이민을 왔다. 낯선 문화에 적응하며 고등학교, 대학교를 다녔던 같은 경험 덕분에 서로 속내를 털어놓을 만큼 가깝게 지내고 있었다. 클레어의 회사는 미국 시장에 진출하려는 한국 기업을 돕고, 미국의 투자자들을 기업과 연결해주는 일을 하고 있었다. 그리고 클레어는 주로 교포들로부터 투자 받은 자산을 관리하는 업무를 맡고 있었다. 회계사인 데니스의 업무는 모여든 자금들이 정확하게 목적에 따라 쓰이고, 이익을 얻으면 회사와 나누는 일까지 관리하는 것이었다. 데니스는 모델을 떠올릴 만큼 큰 키에 선이 굵은 외모로 주변에선 '훈남'으로 꼽혔지만 클레어는 오히려 하는 일의 성격상 특별히 꼼꼼하지 않으면 안 되는 걸 빌미로 종종 소심하다며 놀려대곤 했다. 하지만 막상 사업계획을 세우고 나니 데니스의 그 꼼꼼함으로 점검받고 싶었다.

"혹시 한국에 있을 때 꽃집에 간 적 있어? 우리 어렸을 때 생각해보면 졸업식이나 생일 같은 특별한 날에나 꽃다발을 사러 갔었잖아. 지금도 마찬가지더라고. 그게 잘못됐다는 건 아니지만 그 문화를 바꿔보고 싶어!"

클레어는 어렸을 때부터 꽃을 무척 좋아했다. 아파트 단지 주변에 봄이면 피어나던 벚꽃에, 학교 화단의 붉은 장미에 빠져 들었고, 가을이면 거리에 피어나는 코스모스도 사랑했다. 하늘거리는 꽃잎들이 자신을 향해 손짓이라도 하는 것처럼 가까이 끌려가곤 했다. 갑작스러운 이민으로 미국 생활을 하게 됐을 때도 꽃들에게 위로를 받았다. 마당이 있는 미국 집에서는 한국에서보다 다양한 꽃을 만날 수 있었다. 봄이면 데이지, 수선화, 은방울꽃들이, 여름이면 수련이나 글라디올라스가 피어났다.

"여기에서는 마트에 가면 좋아하는 꽃들을 쉽게 골라서 살 수 있잖아. 대충 종이에 둘둘 말아서 주기는 하지만 대신 많이 저렴하고. 물론 특별한 날이면 정성스러운 꽃다발이 필요하겠지만, 평소 집이나 직장에 꽂는 꽃이라면 굳이 그럴 것까지 없으니까. 한국에도 그런 문화를 들여가고 싶어. 남에게 선물하기 위한 것이 아니라 나를 위한 꽃집 말이야. 편의점처럼 생활 속에서 쉽고 편하게 찾을 수 있는 꽃집 말이야.”

“꽃을 편의점에서처럼 산다……. 그러니까 이미 있는 시장에 물건을 파는 게 아니라 아직은 없는 수요를 만들어내겠다는 거구나. 한국에 있을 때 어땠는지 딱히 기억은 안 나지만 확실히 그런 꽃집은 들어본 적이 없긴 하네. 그런데 한국에서 사업하는 거 쉽지 않다는 건 알지?”

데니스는 세계적으로 비싸기로 소문 난 한국 상가의 임대료부터 시작해서, 꽃들을 어디에서 어떻게 공급받을 것인지, 보관이나 판매 기간이 짧은 것을 비롯해 일반 상품과 다른 차이점은 무엇일지, 직원들은 어떤 사람들로 채용해야 할지 등등 머릿속에 떠오르는 대로 점검해야 할 것들을 이야기했다. 그중에는 클레어가 이미 고려하고 있던 것들도 있고, 놓치고 있던 것들도 있었다.

“그나저나 클레어, 당장이라도 비행기 예약할 것처럼 신이 났구나. 한국에서 사업하면 얼굴 보기도 힘들어지겠네.”

가볍게 던지는 듯한 말투였지만 데니스의 눈가에는 어쩐지 아쉬움과 서운함이 스쳤다. 하지만 이런저런 계획들을 늘어놓느라 한껏 들뜬 클레어는 눈치채지 못했다.

"한국? 무슨 소리야! 우선 한국에 매장을 300개 정도 오픈한 다음 글로벌 기업으로 키워야지. 그럼 데니스를 회계 책임자로 고용할게, 하하."

"아이고, 눈물 나게 고맙네. 그나저나 자본은? 큰 꿈만큼이나 투자도 크게 해야 할 텐데?"

"물론 생각해둔 게 있지."

클레어는 투자자를 모아 주식회사를 만들 심산이었다. 각종 경제활동을 하면서 권리와 의무를 갖는 것은 오직 사람만이 할 수 있다. 단순하게 물건을 사고파는 일만 봐도 그렇다. 가게 주인과 손님이라는 '사람들'이 주인공인 것이다. 그런데 규모가 커지면 쉽게 그럴 수가 없다. 여러 명의 직원들이 돌아가면서 혹은 동시에 많은 손님들을 만난다. 대형 마트 계산대에서 일어나는 일이 딱 그렇다. 그렇다면 손님이 사는 물건들의 주인은 누구일까? 직원이 아니라 마트의 주인이다. 그럼 마트의 주인은 누구일까? 물론 어느 한 개인일 수도 있지만 어떤 회사일 수도 있다. 마트에서 팔리는 수많은 물건들은 다른 누군가에게 사오는 것들이다. 그걸 마련하는 일들 역시 각각 별개의 계약이다. 마트를 관리하고, 일하는 직원들과의 관계 또한 마찬가지이다. 한 사람이 감당하기에는 너무나 많은 권리, 의무가 얽혀 있다. 그래서 법은 여러 사람이 모여 만든 단체를 마치 하나의 사람처럼 대우해주기로 정했다. 법이 이 단체를 사람처럼 여겨주기로 했다고 해서 이를 법인이라고 부른다.

여러 가지 법인 중에서도 이익을 추구하는 일을 하기 위해 만든 법인을 회사라고 한다. 물건을 만들거나 팔고, 생활에 필요한 각종 서비스를 제공하는 일들 상당수가 현대 사회에서는 회사에 의해 이뤄진다. S전자라는 회사가 판 스마트폰으로, K통신이라는 회사가 제공하는 네트워크를 써서, G회사의 사이트에 올라온 동영상을 즐기는 것이다. 모두 개인으로서는 도저히 해낼 수 없는 일들이다. 그런 회사 역시 만드는 방법과 운영 방식에 따라 합자회사, 합명회사, 유한책임회사, 주식회사와 유한회사, 총 5가지로 나뉜다. 클레어는 그중 주식회사를 만들 계획이다. 회사를 만드는 데 필요한 자본을 투자한 사람들이 회사의 주인이라는 뜻에서 주주가 되고, 그들이 선택한 이사들이 회사의 운영을 맡는 형태이다. 이사들 중 뽑는 대표 이사가 흔히 사장님이라고 부르는 총책임자이다.

누군가에게 특별한 기술이나 아이디어가 있지만 회사를 만들 돈이 없을 수 있다. 클레어처럼 말이다. 그럴 때 돈을 제공할 투자자들을 주주로 모아 회사를 만드는 것이다. 회사가 성공을 거두면 투자한 주주들은 투자한 비율에 따라 이익을 나눠가질 수 있고, 혹시 잘 안 되더라도 투자한 돈을 잃는 것 이상 손해를 보지는 않는

다. 이런 방식으로 만드는 또 다른 중요한 이유가 있다. 회사가 성장하면서 주식시장을 통해 더 큰 투자를, 더 큰 돈을 끌어올 수 있다. 회사의 주인이라는 사실을 증명하는 증서를 주식이라고 한다. 회사가 어느 정도 궤도에 올라 사회적 신용을 얻으면 주식시장에 주식을 거래할 수 있도록 내놓는다는 뜻으로 상장을 할 수 있게 된다. 그 회사의 성장 가능성을 높이 보는 사람들이 많을수록 주식은 비싼 가격이 매겨진다. 사고 싶어 하는 사람들이 많아지기 때문에 수요와 공급 원칙에 따라 자연스레 값이 오르는 것이다. 1천만 원을 들여 회사를 만들면서 회사 주식을 1천 주 만들었다고 가정해보자. 1만 원을 투자해 주식 1주를 가지면 1천분의 1만큼 그 회사의 주인이라는 뜻이다. 나중에 상장을 하게 되는 경우, 서로 주식을 사겠다고 나서면 그 1주의 가격이 수 배에서 수십 배까지도 뛸 수 있다. 그럴 때 새로운 주식을 발행한 다음 판매하면 큰돈이 모이는 것이다. 회사는 사업 규모를 키우거나 새로운 분야를 개척할 수 있다. 물론 투자자들은 더 커진 회사의 주인으로 남거나, 가지고 있던 주식을 팔아 이익을 얻을 수도 있다.

한편 주식회사의 주인은 주식을 가진 주주들이지만 경영은 전적으로 이사회와 대표 이사에게 맡기도록 하고 있다. 소유와 경영을 분리해 실제로 회사를 운영하는 사람의 능력을 자유롭게 발휘하도록 해주는 것이다. 그런데 기술이나 능력을 가지는 사람이 투자자를 찾는 일도, 여유 자금을 가진 사람들이 좋은 투자 대상을 찾는 일도 쉽지만은 않다. 가운데서 양쪽을 연결해주는 역할도 필요하다. 그동안 클레어가 회사에 다니면서 해온 일이 바로 이것이었다. 이제 스스로 주인공이 될 차례였다.

"김 대표, 오랜만이에요! 어, 박 사장님도 오셨네?"

"잘 지내셨지요, 회장님? 지난번 한인단체 행사 때 뵌 이후 처음이네요. 그동안 잘 지내셨지요?"

"이 사장님, 끝나고 저랑 따로 이야기 좀 나누시죠. 영사관에서 우리 재단에 요청한 게 있는데, 이 사장님 쪽에도 알려드려야 할 듯싶어서요."

회의장에 모인 사람들끼리 서로 인사를 나누느라 분주했다. 요식업이면 요식업, 유통이면 유통, 각자 하는 일은 달랐지만 오랫동안 사업을 해왔기에 대부분 어느 정도는 아는 사이였다. 기왕 마주한 김에 친밀도를 높이거나 각자 하는 일들에 관한 정보를 교환하거나 하는 식이었다.

"우아, 모인 사람들이 다 쟁쟁하구만! LA에서 이름 있는 사람들은 다 끌어모은 것 같은데? 클레어, 일 잘하는 건 진작 알고 있었지만 영향력이 이 정도일 줄은 몰랐네, 하하. 그나저나 오늘은 도대체 어떤 투자 상품을 소개하려고 이렇게 여러 사람을 한꺼번에 모은 거야?"

지난 10년 가까이 클레어가 인연을 쌓아온 사람들이었다. 클레어의 도움으로 투자를 받아 사업을 일으킨 사람들도, 자신의 사업을 운영하면서 투자를 통해 추가 수익을 얻은 사람들도 있었다. 클레어도 그 사람들을 통해 사업을 배웠다. 어떤 일들이 필요한지, 어떤 어려움들이 기다리고 있는지 수없이 보고 들었다. 한 사람, 한 사람 얼굴을 볼 때마다 그렇게 배운 것들을 복습하는 기분이 들었다. 이제 클레어도 그들 중 하나로 변할 차례였다. 클레어가 단상에 오르자 웅성거림이 잦아들었다.

"들어오실 때 꽃 한 송이씩 나눠드렸는데, 마음에 드세요? 행운을 가져다주는 꽃, 아이리스랍니다. 저도 한 송이 들고 있는데 잘 어울리나요?"

모인 사람들의 시선을 사로잡는 데는 확실히 성공했다. 평소 클레어는 업무와 관련한 이야기에만 집중하는 편이었다. 거추장스러운 인사치레는 생략하고 본론부터 꺼내는 타입이었다. 꾸밈없고 솔직한 접근 방식에 처음에는 다소 불편해하는 사람들도 있지만 시간이 흐를수록 오히려 일에만 전념하는 모습으로 신뢰를 얻곤 했다. 그런 클레어가 꽃이며, 행운이며 나아가 자신과 어울리느냐는 질문까지 하니 그녀를 잘 아는 사람들은 어리둥절해할 수밖에.

"저답지 않아서 당황하셨나요? 그렇지 않아요. 오늘 제가 소개해드릴 투자 대상이 바로 꽃이고, 그리고 저 클레어니까요. 여기 계신 많은 분들은 모두 고향을 떠나 이곳 미국에서 커다란 성공을 거두셨지요. 성공의 열매를 씨앗 삼아 이번엔 고국 대한민국에 꽃을 피워보는 건 어떨까요? 네, 맞습니다. 제가 꽃 사업을 해보려고 합니다."

데니스에게 속마음을 털어놓은 그날 이후 오랫동안 클레어는 공들여 이날을 준비했다. 그리고 바로 오늘, 그 결과물들을 프레젠테이션 자료로 펼치기 시작했다. 현재 대한민국 화훼산업의 규모와 일반적인 꽃집들이 어떻게 사업을 하고 있는지, 미국을 비롯해 꽃을 즐기는 문화가 다른 나라에서는 얼마나 발전해 있는지, 그래서 어떤 방식으로 새로운 형태의 꽃집을 선보이려고 하는지 힘주어 전달했다. 가슴에 품은 꿈이 크고 강하면 언젠가는 반드시 현실로 이루어진다는 것을 믿는 클레어였다. 한 사람 한 사람에게 전해질 때마다 그 가능성이 조금씩 커진다는 것도 믿었다.

"일차적으로 미국에 본사를 만들고, 여러분은 본사의 주주가 되는 겁니다. 미국 본사가 한국에 자회사를 만드는 거지요. 참고로 말씀드리자면 저희 회사에서도 일정 지분을 투자하기로 했답니다."

사실이었다. 클레어가 진행하고 있는 사업 설명회는 회사의 승인을 얻은 것이다. 그렇지 않고 무단으로 고객들을 상대로 일을 벌일 수는 없다. 회사 일을 하면서 얻은 정보를 개인적인 목적으로 빼돌리는 것이기에 형사처벌 대상이 될 수도 있다. 그런 만큼 허락은 꼭 필요한 일이었다. 거기에서 그치지 않고 투자약속까지 얻을 수 있으리라 기대하지는 않았지만 말이다. 물론 그렇게 되기까지는 데니스의 힘이 컸다.

"그래서 오늘을 마지막으로 전 퇴사합니다. 하지만 이중 몇몇 분과는 앞으로도 계속 인연을 이어갈 수 있으리라 믿습니다. 여러분이 만들어주실 회사를 대표하는 것으로서 말입니다. 새로운 주식회사를 이끌어갈 두뇌로 저를 맞아줄 분을 찾습니다."

박수갈채가 터져 나왔다. 프레젠테이션 자료를 요약한 제안서와 참여를 위한 약정서를 나눠줄 때는 손을 꼭 쥐어 악수들을 해주었다. 어깨를 두드리며 격려해주는 이들도 적지 않았다. 시작과 끝이 겹치는 자리를 마무리하며 클레어는 왠지 모르게 흘러나오는 눈물을 꾹 참아야 했다.

그 후의 날들은 순식간에 지나갔다. 십대에 떠나온 한국으로 다시 돌아가는 일이었다. 당장 어디에서 어떻게 지내야 할지, 사소한 생활기반 하나하나 챙겨야 할 것들이 한두 가지가 아니었다. 휴가 때마다 종종 들르기도 했지만 이번에는 차원이 달랐다. 물론 무엇보다 투자 의사를 가진 분들을 개별적으로 만나 주주들을 확정하는 일이 제일 중요했다. 그리고 그 중요한 순간이 드디어 찾아왔다.

오늘 만날 분은 비빔밥, 김밥 같은 한국적인 음식을 미국인의 입맛에 맞도록 선보여 큰 성공을 거둔 사업가였다. 요식업을 시작으로 화장품, 패션 소품처럼 '한류 열풍'에 맞는 아이템들을 연달아 미국에 들여와 히트시키기도 했다. 한인 사업가들 사이에서는 워낙 유명한 인물이었지만 막상 지난 설명회에 초청할지 망설였던 분이기도 했다. 그동안의 사업 방향과는 달리 미국에서 한국으로 되돌아가는 일이었기 때문이다. 게다가 좋게 말해 워낙 수더분하고 소탈한 스타일이라 꽃에 관심을 가지리라고는 생각하기 어려웠던 것이다.

클레어는 약속 시간보다 10분 일찍 도착해 VIP 상담실로 향했다. 사소하다고 여겨질 수 있지만 첫 만남에서 지켜야 하는 첫 번째 약속이 시간이라고 늘 생각해왔다. 사업을 시작하는 것은 상대방의 1분, 1초를 존중하는 것부터라고 생각했던 것이다. 잠깐의 여유를 가지고 기다리는 동안 해야 할 일들을 가다듬을 수 있기도 했다. 하지만 설명회 때 나눠주었던 자료들을 탁자 위에 정돈할 틈도 없이 상담실 문이 열렸다.

"일찍 오셨네요, 회장님."

"일어나지 마요, 클레어. 귀한 시간 내줬는데 기다리게 만들면 안 되죠. 그 자료들은 뭐지요? 지난번에 보여줬던 거 아닌가? 새로운 게 없으면 꺼내지 않아도 돼요. 이미 다 검토하고 왔어요."

클레어보다 한 수 더 뜨는 분이었다. 이런저런 인사치레 없이 본론으로 바로 들어가는 것도 마찬가지였다. 자리에 앉자마자 커다란 물음표를 던졌다.

"딱 한 가지를 알고 싶어요. 투자하겠다는 사람들은 많아요?"

순간 클레어의 머릿속이 복잡해졌다. 많은 사람들이 관심을 보이고 있다며 투자를 이끌어내야 할까. 아니면 반대로 있는 그대로를 알려주고, 그럼에도 투자할 가치가 있다고 설득해야 할까. 물론 답은 이미 내려져 있었다. 그동안 업무를 하면서 고객에게 투명한 정보를 제공하지 않은 적은 없었다. 하지만 제3자가 아니라 투자를 받아야 하는 당사자 입장이 되고 보니 잠시 흔들린 것이었다. 그렇게 흔들릴 수 있다는 사실 자체가 스스로 당황스러웠던 것이다. 물론 고민은 길지 않았다.

"회사에서 투자하기로 한 지분을 빼면 목표액 27%가 모였습니다. 회사 몫을 뺀 이유는 회사는 1차 목표를 다 충족하는 걸 조건으로 추가 투자를 하겠다는 입장이기 때문입니다."

클레어는 막연하게 많다, 적다도 아니라 정확한 숫자로 답했다. 회장의 입가에 알아채기 어려울 만큼 짧은 순간 미소가 스쳤다.

"변한 게 없네요. 갑시다."

회장은 어리둥절해하는 클레어에게 아무런 설명도 없이 자리에서 일어났다. 뒤따르는 클레어를 기다리고 있는 곳은 익숙한 데니스의 사무실이었다. 데니스와 마주 앉아 있던 빈틈없는 정장 차림의 한 남자가 자리에서 일어나며 클레어에게 눈인사를 건넸다.

"잇츠 어 그린 라이트, 미스터 맥켈란."

초록불? 투자를 하겠다는 것일까? 회장은 여전히 아무런 설명이 없었다.

"클레어, 우리 회사 CFO(재무담당임원)인 맥켈란이에요. 앞으로 실무 관련 협의는 이분하고 하면 됩니다."

클레어와 인사를 나눈 맥켈란은 곧바로 데니스에게 서류철을 넘겨받아 검토하기 시작했다. 여전히 정확한 상황을 파악하지 못한 클레어를 보고 데니스가 웃음을 지었다.

"뭐야, 그렇게 얼떨떨한 표정도 지을 줄 아네? 맨날 똑부러진 줄만 알았는데, 하하하. 회장님이 나머지 자본금 전부 내시겠대. 저거 클레어가 만든 투자 약정서잖아. 조건도 그대로 다 받아들이신다고 해서 딱히 수정할 것도 없어. 대신 너 회장님에게 잘 보여야겠다. 지분이 70%가 넘는 대주주가 되시는 거잖아. 앞으로 유일한 직장 상사이겠는걸."

주식회사의 주인인 주주들은 원칙적으로 회사 경영에 간섭할 수 없기 때문에 데니스의 말은 틀린 것이었다. 물론 주주들은 주주총회를 열어 회사의 중요 사항을 결정할 수 있다. 회사에 더 많은 자본을 모으기 위해 새로운 주식을 발행한다거나, 운영에 필수적인 자산을 사거나 팔 수 있다. 회사의 목적 자체를 바꿀 수도 있다. 무엇보다 회사 경영을 맡은 이사들을 뽑거나 물러나게 할 수 있다. 소유와 경영을 분리하면서도 투자한 주주의 재산을 지키기 위해 경영진을 간접적으로 견제할 수 있는 수단을 만들어놓은 것이다. 주주총회는 다수결에 따르는데 주주 한 사람, 한 사람의 숫자가 아니라 주식의 숫자대로 의결권을 가진다. 그러니까 70%가 넘는 지분을 가진 회장님 뜻대로 주주총회 결정이 이뤄질 수 있는 것이다. 대표인 클레어를 물러나게 할 수 있다는 뜻에서 데니스는 '회장님이 유일한 직장상사'라는 농담을 한 것이다.

"무슨 소리예요. 클레어를 믿고 투자하는 건데. 그래도 듣기 싫은 소리는 아니네요, 하하."

투자 결정을 하기까지 느껴졌던 숨 막히는 회장님의 날카로움은 어느새 온 데 간 데 없었다. 영락없이 수더분한 동네 아저씨로 변해 있었다. 말투마저 달라졌다.

"복잡한 서류작업은 이분들에게 맡기면 되니까 우린 나가서 놀다 옵시다. 나도 명색이 여기 VIP인데, 아까 그 방으로 가면 커피 정도는 주겠죠?"

클레어는 앞에 앉은 회장님의 속내가 좀처럼 보이지 않았다. 물론 투자 유치에 성공한 건 너무나 반가운 일이었다. 그런데 기왕이면 보다 꼼꼼하게 따져주었으면 하는 생각이 들었다. 투자하는 쪽에서도 전망이 좋은 사업이라는 걸 확인받고 싶었던 것이다. 하지만 클레어의 생각과 달리 회장님은 공짜 커피가 세상에서 제일 맛있다는 표정으로 커피에만 집중하고 있었다. 참다못한 클레어가 말문을 열었다.

"투자 결정을 해주셔서 정말 감사드려요. 그냥 참가하시는 것도 아니고 2/3가 넘는 회사 지분을 책임지시겠다니. 어떻게 그런 결정을 내리셨어요?"

"응? 그것보다 여기 원두 좋은 거 쓰나 보네요? 우리 회사도 손님들 맞이할 때 꽤 신경 쓰는 편인데……."

"회장님……. 왜 저한테 투자하기로 하셨는지 궁금해요."

"음, 설명회 끝나고 다른 사람들에게 물어보니 선뜻 나서는 사람이 없더라고요. 잘 모르겠다는 반응이 대부분이었어요."

"네? 그래요? 제 나름대로 최선을 다해 전달했다고 생각했는데……. 그럼 회장님은 왜……. 설마 다른 분들이 안 도와주니까 불쌍하게 여기신 거예요?"

"하하하, 그럴 리가요. 내가 자선 사업하는 사람도 아닌데. 클레어의 사업계획이 좋아 보이는데도 남들이 안 하겠다고 해서 내가 나선 거예요. 블루오션을 본 거지요."

푸른 바다라는 뜻의 블루오션은 고기가 많이 잡힐 만한 곳을 가리킨다. 경제적으로는 새롭게 만들어져 경쟁자가 거의 없는 시장을 뜻한다. 반대로 레드오션은 이미 경쟁자가 너무 많아 포화 상태에 이른 시장이라는 뜻의 용어다. 상어들이 득실거리며 핏빛 싸움을 벌인다는 무서운 이야기다. 뛰어든 모든 경쟁자들이 망할 정도로 심각하면 죽은 바다, 블랙오션으로 부르기도 한다. 회장님은 클레어의 꽃 사업을 새로운 시장, 블루오션으로 봤다는 것이다.

"제 계획을 높게 평가해주셨다니 다시 한번 감사드려요. 그런데 잠깐만요. 그럼 투자하는 분들이 많지 않다는 사실을 이미 알고 계셨던 거네요? 그럼 저한테 왜 물어보셨어요? 아까 저를 떠보신 거예요?"

클레어의 질문에 회장은 잠깐 다시 투자 결정을 내리기 전의 그 날카로움을 되살렸다.

"적은 돈을 들이는 것도 아닌데 그 정도 시험은 해볼 수 있지 않아요? 어떤 사람에게 투자하는지 정확하게 알아야지요. 물론 이전부터 클레어에 대해 어느 정도 알고는 있었지만, 막상 자기 사업을 시작하면 달라지는 사람도 많거든요. 클레어의 계획, 큰 그림은 아주 좋아요. 시작하면 어느 정도 시행착오는 피할 수 없겠지만 말이에요. 그런데도 사람들이 선뜻 함께하기 주저하는 건 워낙 새로운 방식을 제시했기 때문이겠지요. 그건 설령 사업이 성공을 하더라도 뒤쫓아 뛰어들 사람이 별로 없을 거라는 뜻이기도 해요. 남들이 안 하는 일, 하고 싶어도 못할 일, 진짜 블루오션인 셈인데 내가 어떻게 투자를 안 하겠어요?"

그렇게 잠깐 예리함을 보여주곤 회장님은 다시 아저씨로 돌아갔다.

"커피 잘 마셨어요. 슬슬 서류작업 끝났을 테니 들어가봅시다. 아 참, 그러고 보니 회사 이름은 정했어요?"

"네, 퍼플, 주식회사 퍼플로 생각하고 있어요."

"퍼플, 보라색이란 말이지. 나도 보라색 좋아해요. 보라색 도라지꽃도 좋아하고요. 잘해봅시다, 하하."

클레어가 김 변호사의 사무실에 들렀던 것은 그로부터 1년 후, 한국에 들어온 지 한 달째였다. 단단히 준비를 하고 한국에 왔지만 막상 시작해보니 부딪히는 일들이 너무 많았다. 회사를 설립하기 위한 절차부터, 판매할 꽃을 어디서 어떻게 공급받을 것인지, 기존에 없던 새로운 꽃집을 소비자들에게 과연 어떤 모습으로 선보여야 할 것인지……. 챙겨야 할 것들이 한두 가지가 아니었다. 그리고 그런 과정들 속에는 꼭 법적인 문제들이 걸려 있었다. 지인들을 통하거나 인터넷 검색으로 알아가고 있지만 맞는 것인지 틀린 것인지 찜찜한 구석이 많았다. 미국에 있는 회사에서는 사내 변호사가 있었고, 거의 모든 업무에 법적 검토를 거쳤다. 그리고 그런 시스템에 익숙해 있던 클레어로서는 김 변호사의 사무실이 많이 반가왔다. 1층에 있는 휴대폰 매장을 가게 후보로 점찍어뒀다가 우연히 김 변호사 사무실에 들른 것이었는데, 기대 이상으로 김 변호사는 친절하고 성실했다. 덕분에 클레어의 표정은 훨씬 밝아졌다. 위험요소를 미리 아는 것만으로도 사업 계획을 세우는 것이 훨씬 편안해지기 때문이다. 왠지 이 건물과 인연이 있다는 생각을 할 무렵 사무실 문이 벌컥 열렸다.

"김 변, 김 변호사!"

앳된 얼굴의 중학생이었다. 클레어를 보고 당황했는지 문가에 어정쩡한 자세로 멈춰 있었다. 토끼처럼 동그래진 눈을 마주하는 클레어의 입가에 저절로 미소가 지어졌다. 어쩐지 거울을 보는 것처럼 미국으로 이민을 가던 무렵 자신의 모습이 떠올랐던 것이다. 김 변호사가 허둥지둥 조카라며 설명을 하는 모습도 우스웠다. 조금 전까지 딱 부러지게 법적인 문제를 짚어주던 것과는 영 딴판이었다. 왠지 모를 친근함을 느끼며 클레어는 자리에서 일어났다.

"바쁘신 모양인데 시간 너무 많이 뺏으면 안 되죠. 다시 뵐 일이 있으면 좋겠네요. 참 혹시 좋아하는 꽃 있으세요?"

"꽃이요? 글쎄요. 갑자기 물어보시니……. 아, 보라색 꽃 좋아해요. 도라지꽃 같은 거요."

보라색 꽃? 클레어의 회사 '퍼플'을 알 리가 없을 텐데, 게다가 대주주인 회장님이 말한 것과 같은 도라지꽃이라니. 뜻밖의 우연이었다. 왠지 다시 보게 될 것 같다는 생각을 하며 클레어는 김 변호사의 사무실을 나섰다.

건물 밖에서 클레어는 다시 한번 점찍어둔 매장 주변을 꼼꼼하게 살펴보았다. 바로 앞이 버스 정류장이었고, 지하철 입구도 멀지 않았다. 유동인구가 많다는 사실은 분명했다. 조금 있으면 퇴근 시간을 맞아 주변 건물들에서 직장인들이 쏟아져 나올 것이다. 건물 뒤편 도로는 음식점들과 카페, 술집들로 채워진 거리였다. 한눈에도 늦은 시각까지 북적이는 곳임을 알 수 있었다. 클레어는 그렇게 지나다니는 사람들의 손마다 꽃을 쥐여주고 싶었다. 출근하면서 사무실에, 퇴근할 때는 집에 놓을 꽃을 들고 가도록 하고 싶었다. 꼭 특별한 날이 아니더라도 친구를, 연인을 만나러 가는 길 한 손엔 작은 꽃다발이 있었으면 싶었다. 그렇게 바뀐 거리의 풍경을 떠올리자 뿌듯한 미소가 지어졌다. 클레어가 미국에서 다녔던 마트 중에는 계산대가 있는 통로를 꽃다발들로 꾸며 놓은 곳도 있었다. 장보기를 마친 장바구니에 마지막으로 장미나 백합 한 묶음을 더할 수 있도록 말이다. 그렇게 주부의 장바구니에도 저녁 식탁에 올릴 꽃들이 함께 들어가기를 바랐다. 조금만 더 힘을 내자고 다짐했다. 경매장에 가보기로 한 날이었다. 밤을 샐 준비를 해야 했다.

밤 10시가 가까운 시각, 클레어는 경매장 주차장에 차를 세웠다.

클레어가 타고 온 승용차 같은 것은 찾아보기 힘들었다. 온통 생산지에서 온 대형 트럭들이 어둠 속에서 한창 꽃들을 가득 담은 상자들을 풀어놓고 있었다. 전국 각지는 물론 해외에서 온 예쁜 꽃들도 많았다. 중국에서 온 국화, 콜롬비아에서 온 장미, 태국에서 온 난초……. 모두 누군가에게 행복한 미소를 안겨주기 위해 숨을 고르며 기다리고 있었다.

클레어가 만들려는 꽃집은 소매업이다. 손님이 돈을 치르면, 꽃이라는 물건을 건네주는 매매가 이뤄지는 곳이다. 편의점에서, 문구점에서, 서점에서 일상생활에서 가장 흔하게 이루어지는 경제활동이다. 조금 더 자세하게 이야기하자면, 진열대에서 기다리고있는 완성품인 물건이 있다. 소비자가 그중 하나를 집어 들고 계산대에 내미는 것은 매매라는 계약을 하고 싶다는 청약을 뜻한다. 직원이 받아들면 계약을 승낙하는 것이다. 바코드를 촬영해 단말기에 표시한 가격대로 매매를 하겠다는 것이다. 카드 혹은 현금으로 값을 치르면 물건을 사는 매수인인 소비자는 계약을 이행한 것이다. 그와 동시에 직원이 다시 물건을 주는 것으로 매도인 쪽의 계약도 이행된 것이다. 이제 소비자는 물건을 마음대로 사용하거나 수익을 얻고, 처분할 수도 있는 소유권을 가지게 됐다.

건물이나 자동차처럼 목적물의 가치가 높은 경우에는 단계가 조금 더 나뉘어 이루어지기도 한다. 금액이 큰 만큼 한 번에 물건과 돈을 주고받는 것이 어렵기 때문이다. 주택은 대개 계약금, 중도금, 잔금의 단계로 나눠 대금을 치른다. 어떤 집에 대해 매매계약을 체결한 매수인이 계약이 이미 이루어졌으니 다른 사람에게는 팔지 말라는 뜻에서 전체 집값의 일부를 미리 내는 것을 계약금이라고 한다. 약속을 담보하는 것인 만큼 마음이 바뀌어 집을 사지 않기로 하더라도 돌려받을 수 없는 돈이다. 그리고 계약을 체결하면서 약속한 기간 안에 중도금, 마지막으로 잔금까지 내야 매수인의 의무를 다하는 것이다. 잔금을 받는 날, 매도인은 집을 넘겨주고 부동산등기부에 매수인의 소유권이라고 적을 수 있도록 해줘야 한다. 건물이나 땅처럼 한 자리에 고정돼 움직일 수 없는 물건을 부동산이라고 부른다. 부동산은 그냥 봐서는 누가 주인인지 알기 어렵기 때문에 등기부처럼 국가가 관리하는 서류에 소유권을 가진 사람이 누구인지 적어야 한다.

이와 다르게 편의점 같은 곳에서 파는 물건들은 이리저리 쉽게 옮겨 다니니까 동산이라고 부른다. 동산은 보통 가지고 있는 사람을 주인이라고 여긴다. 다만 선박이나 자동차처럼 가치가 높고 관리할 필요가 있는 것들은 동산이라도 별도의 서류에 소유권을 적어야 주인이다. 자동차 역시 비싸기 때문에 한 번에 값을 치르기 어려운 경우가 많다. 반면 당장 차를 써서 출퇴근하거나 배달 일을 해야 할 수가 있다. 그런 필요 때문에 소유권유보부매매라는 계약을 이용한다. 계약금을 내면 판매업체인 매도인이 차를 먼저 쓸 수 있게 해주고, 매수인은 일정한 기간, 이를 테면 3년 동안 매달 일정한 금액을 내도록 하는 것이다. 내 자동차가 맞지만 약속한 돈을 내지 않으면 판매업체에서 도로 가져갈 수 있는 어정쩡한 소유권을 갖는 것이다.

그런데 클레어의 꽃집에서는 매매만 이뤄지지 않을 것이다. 이런저런 꽃들로 이뤄진 꽃다발을 원하는 손님이 있을 것이다. 장미와 러넌큘러스를 섞어주기를 바랄 수도 있고, 초록색 유칼립투스 잎사귀를 곁들여달라고 할 수도 있다. 거기에 갖가지 빛깔의 포장지와 리본으로 곱게 마무리를 해달라는 식으로 말이다. 혹은 그저 몇만 원 정도에 맞춰 졸업식이나 생일 선물로 쓸 꽃다발을 만들어달라고 할 수도 있다. 그렇게 어떤 일을 완성해달라는 주문에 따라 일을 하고 그 대가를 받을 때는 도급계약이라고 한다. 설계도에 맞춰 건물을 짓거나, 한 사람만을 위한 맞춤형 제품을 요구할 때 쓰이는 계약이다. 꽃다발에 쓰이는 꽃 한 송이, 한 송이는 이미 그 자체로 완성된 하나의 상품이기 때문에 매매계약이지만, 그것들을 모아 별개의 제품을 만드는 일은 도급계약인 것이다. 다른 꽃집에서는 플로리스트의 손길을 거친 꽃다발을 주로 취급한다면, 클레어는 거기에 더해 한 송이씩 혹은 묶음으로 된 꽃 자체를 표시된 가격대로 쉽게 살 수 있도록 할 계획이다. 편의점에서 간식거리를 사듯이 말이다.

차에서 내린 클레어는 주차장에 붙어 있는 하역장으로 걸어갔다. 대형 트럭들이 싣고 온 꽃 상자들이 경매를 위해 대기하는 곳이다. 막상 경매장에서는 꽃들을 일일이 살펴볼 수가 없다. 전주 장미 농장에서 온 헤라 장미가 있다고 하면, 경매에 참가한 사람들 중 원하는 사람이 그중 몇 박스를 사겠노라고 나서는 것이다. 그렇지 않으면 도저히 하룻밤 사이에 많은 꽃들을 나눌 수 없기 때문이다. 그래서 경매를 시작하기 1~2시간 전에 미리 와서, 하역장에 있는 꽃들을 살펴보고 어떤 아이들을 데려갈지 점찍어놓는 일이 꼭 필요했다. 클레어는 이런 과정을 배우기 위해 한국에 온 이후 적어도 1주일에 2~3번씩은 밤마다 경매장을 찾아야 했다. 밤잠을 설치다 보니 여간 피곤하지 않을 수 없었지만, 진짜 고충은 따로 있었다.

경매에는 아무나 참가할 수가 없다. 화예를 취급하는 중도매인이어야 했다. 우선 관련 협회를 찾아 필요한 자격을 얻는 일부터가 쉽지 않았다. 중도매인은 경매를 통해 꽃들을 대량으로 구매한다. 그런 다음 중도매인들로부터 소매업자인 꽃집 주인들이 조금씩 필요한 꽃들을 다시 구매하는 것이 보통이었다. 소매업자는 한꺼번에 많은 꽃을 구매해봐야 그만큼 팔 수가 없었기에 그런 방식을 택한 것이었다. 많은 꽃들을 보관할 창고를 가진 것도 아닌 데

다 꽃들은 일정 기간이 지나면 시들어버리기도 했다. 그런데 소매업인 꽃집을 하겠다는 클레어가 경매부터 직접 하겠다고 나선 것이었다. 중도매인들은 자신들의 일을 빼앗아가는 걸로 짐작하고는 클레어를 곱지 않은 시선으로 대했다.

화예 농가는 생산자이다. 입학식, 졸업식 같은 행사에, 생일 같은 특별한 날에, 혹은 클레어가 계획하고 있는 것처럼 일상의 평범한 날에 꽃을 필요로 하는 사람들이 소비자들이다. 생산자와 소비자 사이에 매매계약이 필요하지만 직접은 어렵다. 장미꽃 한 송이를 구하기 위해 콜롬비아 어딘가의 농장으로 갈 수는 없는 노릇이다. 농가 역시 마찬가지 입장이다. 언제, 어디에서, 누구에게, 얼마만큼 꽃들이 팔릴지도 알 수 없다. 중간 과정이 필요하다. 도매상인이 한꺼번에 많은 양의 꽃들을 농가로부터 직접 사들이고, 곳곳의 꽃집 주인들이 도매상인으로부터 팔릴 것으로 예상하는 만큼씩 나누어 사야 한다. 소비자들은 각자 사는 곳 근처의 꽃집에서 그렇게 건너 건너 찾아온 꽃들을 만나는 것이다. 그럴 때마다 조금씩 꽃들에 붙여지는 가격표가 달라진다. 예를 들어 생산자가 100원에 도매상인에게 넘긴다면, 도매상인은 100원에 10원을 덧붙여 소매상인에게 넘기고, 소매상인은 소비자에게 120원에 팔아야 한다. 그래야 각자가 어느 정도의 이익을 가져갈 수 있다. 조금 더 자세히 들여다보면 필요한 일들이 몇 가지 더 있다. 농가에서 경매장이 있는 곳까지 꽃들을 실어 나를 운송 수단이 있어야 한다. 크고 작은 트럭들을 비롯해 비행기 같은 대규모 운송 수단도 동원된다. 꽃들이 일차적으로 모여 들었다가 흩어지는 경매장도 필수다. 일시적으로 창고 역할을 해야 하고, 도매상인이 소매상인을 상대로 꽃을 파는 시장으로서의 공간도 있어야 한다.

요즘처럼 배달이 흔한 시대에는 꽃집이 아니라 배달업체를 통해 최종적으로 소비자들에게 꽃이 전달될 때도 있다. 그런 과정에 참가하는 모든 사람들이 각각 경제활동의 당사자이다. 사람으로 치면 꽃을 키우는 사람, 그 꽃을 경매장에 실어다주는 사람, 경매장을 관리하는 사람, 경매를 받는 도매상인, 도매상인으로부터 꽃을 사는 소매상인, 소매상인으로부터 배달을 담당하는 사람으로 이어진다. 각각의 일들은 혼자 직접 하는 것이 아니라 다른 사람을 고용해 함께하는 경우가 대부분이기도 하다.

폭을 조금 더 넓혀서 볼 수도 있다. 꽃씨를 팔았던 종묘 상인이 있었을 것이고, 키우는 데 필요한 각종 농기구나 비료, 농약을 판매했던 사람들이 있었을 것이다. 꽃집은 누군가의 건물을 임차해 운영하는 것일 테고, 꽃집을 꾸미는 데 필요한 물건들을 팔았던 사람들 역시 따로 있을 것이다. 그리고 그 사람들 역시 일상생활에서는 소비자이기도 하다. 한 송이 장미꽃을 손에 쥐는 일은 그처럼 촘촘한 그물처럼 짜여진 구조가 있어서 가능하다. 꽃뿐만 아니라 일상에서 소비하는 대부분 물건들이 비슷한 과정을 거친다. 생산과 소비를 둘러싼 크고 작은 흐름들이 모두 경제인 것이다. 서로가 서로에게 의존해 커다란 살림살이를 꾸려가고 있는 것이다.

클레어는 소비자를 직접 상대하는 소매업을 계획하고 있었다. 화예를 둘러싼 경제구조에서라면 중도매인으로부터 필요한 만큼의 꽃들을 사는 것이 원칙인 셈이다. 하지만 문제가 있었다. 일반적인 꽃집들처럼 꽃들을 꽃다발로 다시 만들어 파는 사업 모델이 아니었다. 한 송이, 한 송이 꽃 그 자체를 상품으로 하겠다는 것이었다. 그렇게 하는 대신 기존 꽃집들보다 저렴한 가격으로 판매하겠다는 것이었다. 그러려면 기존 꽃집들보다 훨씬 많은 꽃을 필요로 했다. 이윤을 적게 남기는 대신 많이 파는 쪽을 택한 것이다. 게다가 한 곳뿐만 아니라 수십, 수백 개의 꽃집을 운영할 꿈을 세우고 있었다. 가격도 가격이지만 필요한 양을 따졌을 때도 중도매인 한 사람으로부터 공급받는 것으로는 부족할 수밖에 없는 상황이었다. 그래서 중도매인 겸 소매업자가 되기로 한 것이었는데, 기존 중도매인들의 반발을 산 것이었다.

경제는 일반적으로 '제로섬게임'*이라고 한다. 100명의 직장인

---

* 제로섬게임(Zero-sum game): 한쪽의 이익과 다른 한쪽의 손실을 더하면 제로(0)가 되는 게임을 일컫는다.

들이 일하는 건물에 1개의 식당이 있다고 생각해보자. 식당 주인은 점심 때마다 100인분의 음식을 팔 수 있다. 그런데 갑자기 1개의 식당이 더 들어서면 어떻게 될까? 얼마가 될지 모르지만 당연히 판매량이 줄어들 수밖에 없다. 누군가 이익을 보면 누군가는 손해를 보는 것이다.

중도매인들은 그렇게 생각했다. 소매업자인 클레어가 직접 중도매인이 할 일까지 하면 그만큼을 빼앗기는 것으로. 그래서 중도매인 자격을 얻을 수 없도록 반대에 나서기도 했다.

하지만 클레어의 계획은 달랐다. 특별한 날에나 꽃을 찾는 문화 자체를 바꿔 시장 규모를 키우겠다는 것이었다. 100명이 아니라 200명의 직장인들이 밥을 먹는 건물로 바꾼다는 것이었다. 그런 다음 새로운 식당을 차린다면 기존에 있던 음식점이 손해를 보지 않아도 된다. 게다가 김밥과 샌드위치처럼 아예 메뉴부터 다르게 운영하겠다는 것이었다. 두 가지 음식점들이 들어서면 그 건물뿐만 아니라 다른 건물에서도 손님이 찾아올 수 있기에 다른 음식점도 지금보다 장사가 더 잘될 수 있다는 계획이었다. 그걸 설득하기 위해 얼마나 많은 노력을 기울였는지 모른다.

그렇게 어렵사리 경매에 참가할 자격을 얻은 첫날이었다. 725번, 자격증에 적힌 번호가 소중하기만 했다. 매장을 열기 전이기에 실제로 꽃들을 살 이유는 없었다. 계획 중인 꽃집 진열장을 채우려면 꽃들을 얼마나, 어떤 구성으로 살 것인지 미리 연습하는 것이었다. 종류별로 다른 장미 3박스씩, 봄을 맞아 화사한 색깔을 내줄 수 있는 프리지아 10박스, 쉽게 시들지 않아 오래 두고 팔 수 있는 백합 2박스……. 이런 식으로 익숙해질  만큼 수십 가지 꽃들을 사는 연습을 했다. 이제는 자격증 번호에 따라 지정석이 주어졌고, 경매를 하는 데 필요한 신호기도 손에 들고 있었다. 여전히 실제 구매를 할 일은 없었지만, 준비는 모두 갖춰졌다. 앞으로 나아가는 것만이 남았다.

십대도 꼭 알아야 할
진로와 경제활동 이야기

밤거리를 걷다 보면 신기하지 않나요? 환하게 밝혀진 거리와 높이 솟은 건물, 상점들에서 파는 다양한 물건. 도대체 인간은 어떻게 이런 일들을 해낼 수 있을까 새삼 고개를 갸웃거릴 때가 있습니다. 혼자서는 불가능하겠지요. 피라미드나 만리장성을 쌓는 것처럼 단순히 사람이 많이 모인다고 할 수 있는 일들도 아니에요. 제아무리 손재주가 좋은 사람이라고 할지라도 스마트폰을 혼자서 만들 수 있을까요? 우선 공학자의 설계가 필요하고, 특수한 재료들을 이 나라 저 나라에서 채취하고, 그걸 다듬어 반도체를 비롯해 적어도 천 개가 넘는다는 부품들을 만들고, 또 그걸 정밀하게 조립하고……. 그 많은 과정 하나하나가 모두 일자리인 겁니다.

3장에서는 그런 일을 가능하게 하는 법적·제도적 장치인 법인에 관해 다뤄 봤습니다. 법이 하나의 사람처럼 인정하는 사람들의 모임이나 재산의 집합을 법인이라고 하는데요. 다양한 능력을 가진 많은 사람들이 모여 한두 사람으로는 불가능한 커다란 일을 할 수 있게 하는 것이지요. 여러 명이 모은 돈을 누구 한 사람의 것이 아니라, 법인이라는 별도 존재의 소유로 정의하고 대규모 투자를 할 수 있게 만드는 것이지요. 그게 가능해지면서 시장경제의 규모가 폭발적으로 성장할 수 있었던 겁니다. 여러분이 취업을 한다고 할 때 흔히 떠올리는 회사들이지요. 직장생활을 다룬 드라마 같은 걸 떠올리면 이해하기 쉬울 거예요. 하지만 꼭 드라마처럼 대기업만 해당되는 건 아니랍니다. 숫자로만 따진다면 대한민국의 법인 중 99%는 중소기업이거든요.

어느 회사의 제일 높은 위치에 있는 사람을 사장님이라고 부르지요. 하지만 오해하지 말아야 할 것이 회사가 몽땅 사장님 것은 아니랍니다. 법인 소유라고 했잖아요. 회사 돈을 함부로 썼다는 이유로 어느 회사 대표가 횡령죄로 처벌 받았다는 뉴스를 본 기억이 있을 겁니다. 실제 사람에 비유하자면 두뇌에 해당하는 일을 맡은 사람일 뿐이지요. 근로자에게 어떤 일들을 시킬지 정하거나 어떤 제품을 만들고 판매할지와 같은 중요한 사항들을 결정하는 경영자인 사장님 역시 하나의 직업이랍니다. 드라마 속 사장님은 대개 부자로 등장하지만 사실은 회사 근로자들의 생계를 책임지느라 가장 열심히, 가장 많은 일을 해야 하는 위치이기도 합니다. 근로기준법의 보호도 받지 못하고, 눈만 뜨면 회사 일 생각으로 출퇴근이 따로 없을 정도로요. 일하는 시간으로 따지면 최저임금도 못 받는 사장님들도 많아요. 대신 회사가 잘되면 근로자로서는 상상하기 힘든 부와 명예를 가질 수 있지요. 무엇보다 누군가의 일이 아니라, 스스로의 생각으로 세상에 없던 일을 만들어간다는 건 아주 매력적이지 않겠어요? 마치 클레어처럼 말이에요. 취업만 생각하지 말고 직장을 만드는 사업가도 꿈꿔보세요.

거기에 더해 15가지 전형계약 중 매매계약에 관해 조금 자세하게 다뤄봤어요. 경제활동의 시작이라고 볼 수 있으니까요. 자급자족만 하던 인간이 물물교환을 하고, 보다 편리한 거래를 위해 화폐를 탄생시켰습니다. 산업혁명으로 생산력이 폭발적으로 늘어나면서 소비가 다양해졌고, 오늘날의 경제로 이어졌던 겁니다. 사극을 보면 등장인물들이 내내 같은 옷을 입고 나오지요. 대부분의 사람들에게 계절별로 입을 옷이 딱 한 벌이었으니까요. 과거의 삶은 정말로 그랬답니다. 요즘은 매일 아침 어떤 옷을 입을지 고민하잖아요. 현대의 보통 사람이 가지고 있는 평범한 물건들조차 예전의 왕들은 누리지 못했던 것들이지요. 대신 매매라는 과정 역시 상상을 초월할 만큼 복잡해졌어요. 마트에서, 편의점에서 쉽게 이뤄지는 한 번의

매매계약만을 생각하면 안 돼요. 어떤 물건이든 원산지 표시를 하도록 하고 있지요. 지금 가지고 있는 물건들의 원산지를 보고, 어떤 과정을 거쳐 손에 들어왔는지 머릿속으로 그려보세요. 클레어의 꽃집을 예로 들어볼까요? 원산지에서 도매시장으로, 도매시장에서 다시 중도매인을 거쳐 곳곳의 소매상인들에게, 최종적으로 집이나 직장 근처의 꽃가게에서 살 수 있어요. 이런 흐름을 유통이라고 하는데요. 마치 혈관을 타고 흐르는 피가 몸 곳곳에 영양분을 공급하듯, 각각의 단계마다 교환과 분배가 일어납니다. 운송계약도 필요하고, 머무는 공간마다 임대차계약들도 있어야 하는 것이지요.

대금을 지불하는 방법 역시 다양한데요. 물건의 종류를 부동산과 동산으로 나눈다고 했지요. 부동산처럼 혹은 동산이라도 자동차처럼 고가의 물건인 경우에는 대금을 나눠서 지불하는 경우도 있다고 했고요. 계약금, 중도금, 잔금으로 나누기도 하고, '할부'라고 부르는 방법으로 조금씩 나눠 치르기도 하고요. 3장에서 다루지는 않았지만 신용거래 역시 자주 이루어집니다. 도매 시장에서 물건을 지속적으로 공급받을 때 매번 대금을 치르는 일이 번거로울 수 있지요. 일단 가져 간 물건을 소비자에게 판매한 다음 그 수익으로 대금을 마련해야 할 수도 있고요. 그래서 일정한 기간을 정해 그 사이에 발생한 거래 대금을 한꺼번에 치르는 신용거래를 이용합니다. 당장 손에 쥔 돈이 없더라도 매매계약을 가능하게 하니까 경제를 활성화하는 데 큰 몫을 하지요. 하지만 무작정 상대방을 믿을 수는 없는 노릇이지요. 이때 가치 있는 물건을 담보로 제공하거나, 누군가 그 신용을 보증해주기도 하는데요. 주로 금융기관, 그러니까 은행이 그 몫을 담당하고 있습니다. 은행이 담보해준 신용을 얼마나 잘 지키느냐에 따라 큰 자금을 융통할 수도 있고, 경제활동을 못 하게 될 수도 있지요. 개인들이 사용하는 신용카드 역시 마찬가지 원리로 작동

하는 겁니다. 여기서도 약속을 잘 지켜야 한다는 결론이 나오네요.

경제와 관련한 개념으로 레드오션, 블루오션을 소개했는데요. 참 적절한 비유입니다. 누구나 자유롭게 재화와 서비스를 주고받을 수 있다는 자유시장 경제는 한편으로 치열한 경쟁을 뜻하기도 하거든요. 그러다보니 작은 시장을 놓고 서로 물고 뜯어 레드오션을 만드는 일도 종종 빚어질 수밖에요. 넓고 푸른 바다, 고기떼가 춤추는 바다를 찾으면 얼마나 좋겠어요. 그 역시 누구나 바랄 테니까 쉬운 일은 결코 아니겠지요.

그러기 위해서는 생각의 폭을 넓히고, 하루가 다르게 달라지는 세상의 지도를 잘 읽는 법을 익혀야겠지요. 꼭 완전히 새로운 것일 필요도 없어요. 클레어가 찾은 블루오션은 누구나 알고 있는 꽃이었잖아요. 하지만 남들과는 다른 방법으로 생각을 했지요. 비단 사업이 아니라 취업을 생각할 때도 마찬가지랍니다. 남들이 다 좋다고 하는 직업은 레드오션이기 쉬워요. 게다가 세상이 너무 빠르게 달라지다 보니 당장은 좋아 보이는 일들이 금방 퇴색하기도 한답니다. 꼭 하고 싶은 일이 있다면 모르겠지만, 너무 안절부절못하기보다는 일단은 시야를 넓히는 쪽으로 더 관심을 가져보면 어떨까요?

각자의 자리에서

4장의 키워드

#중견기업 #대기업 #정년
- - - - - - - - - - - - - - - - -
#복리후생 #교대근무 #창업
- - - - - - - - - - - - - - - - -
#임대차계약 #셰프 #프로그래머
- - - - - - - - - - - - - - - - -
#교사 #경찰 #프로듀서
- - - - - - - - - - - - - - - - -
#인공지능
- - - - - - - - - - - - - - - - -

"어서오세요, 대표님. 축하드려요! 연매출 50억 원 달성이라니. 그럴 줄 알았다고 하면 아부인가요? 진짜 대단하세요! 멋져요, 하하."

김 변호사는 활짝 웃으며 클레어를 반겼다. 누가 봐도 자기 일처럼 뿌듯해하는 기색이 역력했다. 어느 날 문득 찾아 왔던 클레어와의 인연이 이어지고, 주식회사 퍼플의 자문 변호사를 맡은 지 3년 만이었다.

"아이 진짜, 대표님이라고 부르는 거 싫다고 했잖아요. 자꾸 그럼 삐질 거예요?"

김 변호사가 기뻐하는데도 어쩐 일인지 클레어는 눈부터 흘겼다. 못마땅하다는 표정이었다.

"아니, 대표님을 대표님이라고 부르지. 그럼 뭐라고 그래요?"

"둘이 있을 땐 그러지 말라고 했잖아요. 제가 변호사님이라고 하면 좋아요?"

"그건 아닌데……. 편하게 대하는 게 습관이 돼서 다른 사람 있을 때 실수할까 봐 그렇지. 회사도 커져 가는데. 안 그래, 우리 멋진 대표님? 하하하."

"아, 몰라요. 아무튼 숙제예요. 뭐라고 부를지 잘 생각해봐요!"

두 사람이 알쏭달쏭한 대화를 나누고 있을 때 사무실 문을 두드리는 소리가 들렸다. 둘은 깜짝 놀라 조금 거리를 두고 앉았다. 잠시 후, 낯익은 얼굴이 조심스레 들어왔다.

"정은 대리님, 어서 와요. 무슨 노크를 하고 그래요, 새삼스럽게?"

김 변호사가 의아한 표정으로 물었다. 김 변호사의 사무실에서 엮인 또 하나의 인연이었다. 같은 건물 카페에서 아르바이트를 했던 바로 그 정은이었다.

"저, 그게 두 분이 같이 계신다고 하셔서요. 대표님이 이쪽으로 회사 개편안 가지고 오라고 하셨거든요."

"응? 그게 무슨 말이에요?"

이번엔 클레어가 물었다.

"네? 김 변호사님 사무실에서 보자고 하지 않으셨어요, 대표님?"

"응, 맞아요. 이제 우리 회사 규모도 많이 커졌잖아요. 틀을 한번 가다듬을 때가 됐으니까……. 여러 번 이야기 나눴던 내용 정리해서 가져오라고 한 건데……."

"네, 맞아요. 그런데 두 분만 계실 것 같아서, 그게……."

정은의 얼굴이 빨개지자 무슨 상황인지 눈치챈 클레어의 얼굴도 발갛게 달아올랐다. 이쯤 되니 눈치 없다고 소문이 난 김 변호사도 모를 리 없었다.

"어흠, 이래서 내가 '대표님'이라고 부를 수밖에 없다니까, 그래.

일합시다 일!"

어색해진 자리를 깨는 건 웃음밖에 없었다. 잠시 서로를 번갈아 바라보며 킥킥대던 세 사람은 이내 업무 분위기로 바뀌었다.

친구들과 함께 사무실에 갔던 날 이후로도 정은은 종종 김 변호사를 찾았다. 이유는 여러 가지였다. 주변 사람들에게 법적인 문제가 있으면 김 변호사를 소개해주기도 했다. 취업 준비를 하는 친구들 역시 한 번쯤은 김 변호사의 사무실을 찾는 것이 통과의례가 됐다. 남의 일을 남의 일처럼 여기지 않는 정은의 성격 덕분이었다. 스스로도 사회로 나가기 전, 궁금한 점들이 많았고, 김 변호사가 늘 편하게 대해주었기에 멘토처럼 여겼던 것이다. 김 변호사역시 그런 정은이를 언제나 반겨주었다. 애초에 동네 의원처럼 사람들 가까이 있는 변호사 사무실을 만들고 싶어 했기 때문에 많은 사람들과 인연을 맺는 일은 필수였다. 정은이 사람들과 함께 찾아올 때마다 농담처럼 "정은 사무장님!"이라고 하며 반갑게 맞이하곤 했다. 실제로 정은 덕분에 맡게 된 일들도 꽤 많았다. 그리고 정은 역시 김 변호사 덕분에 클레어의 회사를 알게 된 것이었다.

정은이 처음부터 꽃집을 눈여겨본 것은 아니었다. 그저 예쁘고 특이한 꽃집이 생겼구나, 정도였지 회사일 거라고는 상상도 못했던 것이었다. 경영학을 전공한 정은은 여느 대학생처럼 이름이 알려진 회사들이나 대기업들을 목표로 취업을 준비했다. 딱히 어떤 일을 하고 싶다는 생각보다는 그저 당연히 그런 길을 걸어야 하는 걸로 알았다. 하지만 졸업과 동시에 회사원으로 바뀌어 출근하는 일은 생각보다 훨씬 어려웠다. 또래들 마음이 다 비슷한지라 정은 이가 가고 싶어 하는 회사마다 지원자가 몰렸던 것이다. 회사마다 조금씩 다른 입사지원서, 자기소개서를 얼마나 많이 썼는지 모른 다. 몇 차례 서류전형을 통과하고 면접을 치르기도 했지만, 마지막 문턱을 넘지 못했다. 막연히 되겠거니 했던 생각이 허물어지면서 속상해 우는 날들이 이어졌다. 대학을 마치지만 여전히 취업을 준 비하는 학생이라는 뜻의 '취준생'으로 변해가고 있었다.

그러던 어느 날 김 변호사의 사무실에서 우연히 클레어를 만났 다. 회사를 막 시작했던 클레어 역시 고민이 있었다. 고작 매장 한 두 개를 운영하자고 시작한 일이 아니었다. 꽃을 손질하고 파는 현 장에서의 일은 꽃이나 식물을 직접 공부한 직원들 몫이었다. 하지 만 회사의 구조를 이해하고 앞으로 수십, 수백 개의 매장으로 키워 나가기 위해서는 큰 그림을 볼 줄 아는 직원이 필요했다. 하지만 여러 경로로 채용 공고를 내도 도무지 알맞은 사람을 찾을 수 없 었다. 어쩌다 찾아온 지원자도 '꽃집'이라는 고정관념을 벗어나지 못한 채 발길을 돌리기 일쑤였다. 그때만 해도 본사가 별도의 사무 실조차 갖추지 못한 바람에 매장 한구석이나 카페에서 면접을 치러야 했던 상황이니 이해가 가기도 했다. 어쩌면 김 변호사의 사무실에서 두 사람이 만났던 것이 운명이었다. 함께 일을 하리라는 생각을 전혀 못한 채 클레어는 자신의 비전을 털어놓았는데, 정은이 입사를 희망했던 것이다.

물론 정은에게도 쉬운 결정은 결코 아니었다. 누구나 알 만한 그럴 듯한 회사와는 거리가 멀기 때문이었다. 성공 가능성이 이미 검증된 탄탄한 중견기업도 아니었다. 굳이 따지자면 정말 계획대로 될 수 있을까, 라는 의구심이 오히려 더 큰 편이었다. 몇 날 며칠의 고민을 끝낸 이유는 한 가지였다. 새로 회사를 만들고 키워나가는 일을 직접 겪어볼 수 있을 것이라는 기대였다. 갓 대학을 마치고 나온 신입 사원으로서는 쉽게 하기 어려운 경험일 것이었다. 잘 짜여진 직장에 들어가면 시키는 일을 하기에도 바쁠 것이었다. 회사 전체가 어떻게 운영되고 있으며, 자신이 하는 일은 어떤 기여를 하고, 얼마만큼의 매출을 올려서, 어떻게 자신이 급여를 받는 것인지, 좀처럼 그런 구조를 알기 어려울 것이었다. 회사의 앞날에 관한 중요한 결정을 하는 자리에 가려면 몇십 년이 걸릴지 장담할 수 없었다. 어쩌면 직장생활을 마치는 날까지도 윗사람 말을 듣기에만 급급할 수 있었다. 게다가 당장이야 편안한 직장으로 보일지 몰라도 워낙 세상이 급하게 변하다 보니 미래가 어떨지는 알 수 없는 노릇이었다. 그렇다면 한 번쯤 도전을 해봐도 좋을 것 같았다. 설령 실패하더라도 경력을 가지고 이직을 하거나 창업의 밑거름을 삼을 수 있을 것이라는 생각도 한구석에 있었다.

정은의 예상은 넘치게 들어맞았다. 입사하자마자 '대리'라는 직함이 주어졌지만 그나마 외부에 알리기 적당해서일 뿐이었다. 과장도 부장도 이사도 없었다. 함께 입사한 동료들만이 있을 뿐이었고 직장 상사라고는 대표인 클레어뿐이었다. 그나마 매장 운영을 맡은 현장직원을 빼고 나면 클레어를 포함해도 본사에는 고작 3명이 전부였다. 모든 일들을 이들이 해나가야 했다. 매일 어떤 꽃들을 얼마나 사들여 얼마에 팔 것인지를 정하는 것은 기본이었다. 수명이 길지 않은 꽃들과 함께 꽃을 담을 화기들, 화분에 담긴 식물들도 적정한 비율로 갖춰야 했다. 밸런타인데이, 졸업식, 가정의 달처럼 특별한 날들에 맞춰 상품도 기획했다.

1호점의 매출이 안정적으로 자리를 잡으면서 곧바로 새로운 매장을 물색하기 시작했다. 매장 한 곳을 새롭게 열 때마다 임대차계약을 체결하고 관청에서 필요한 인허가를 받았다. 직원들을 새로 뽑고 교육시켜 현장에 투입시켰다. 지역 특성에 맞게 매장마다 상품 구성도 새롭게 해야 했다. 매장 숫자가 늘어가면서 날마다 많은 꽃들을 각 매장으로 배송하기 위한 인력과 장비도 필요했다. 국내 원예 농가뿐만 아니라 콜롬비아, 베트남, 네덜란드의 화훼 업체들과 직접 계약을 체결하고 꽃을 수입하기 시작했다. 국내 경매시장에서 사들이는 꽃들과 비행기에 실려 온 꽃들을 자체 유통센터에 들여온 다음, 최소한의 손질을 거쳐 매장별로 적정 수량만큼 내보내는 일만으로도 날마다 전쟁을 치르는 것만 같았다. 본사에서 계획한 대로 관련된 모든 사람들의 움직임이 하나의 몸처럼 척척 맞아떨어져야 했다. 규모가 큰 회사였다면 총무, 인사, 개발, 해외영업, 회계 등의 부서가 맡아서 해야 할 일들을 고작 몇몇이 모두 해치워야 했던 것이었다.

기대 이상으로 힘들었지만 그만큼 보람도 컸다. 전체 인력이 60여 명에 이르면서 연매출 50억 원을 넘어섰다. 10호점을 성공적으로 오픈한 다음 클레어와 정은은 회식 자리에서 끌어안고 눈물을 흘리기까지 했다. 그리고 이제 회사를 한 차원 더 높이 발전시킬 시기였던 것이었다. 본사 직원들의 업무를 나눠 담당 부서의 형태를 갖춰가기로 했다. 그리고 그 일 역시 정은의 몫이었다. 애초에 기대했던 것처럼 회사의 창업과 성장을 고스란히 겪은 것이었다.

클레어는 정은이의 기획서를 꼼꼼히 들여다보며 수정이 필요한 부분을 지적했다. 그리고 물론 칭찬을 아끼지 않았다.

"정은 대리 없었으면 지금까지 이 일을 어떻게 해왔을까 싶어요. 이대로만 가면 전 몇 년 안에 회장으로 물러나도 되겠다니까요, 하하. 물론 '변호사님'도 수고해주셨지만 말이에요."

"아이고, 억지로 저까지 끌어넣지 않아도 괜찮습니다. 그나저나 그럼 정은 씨는 대리에서 바로 대표로 승진하는 거예요? 대단한데요!"

화기애애한 두 사람의 격려에 정은이는 귓불이 빨개질 정도였다. 앞으로 배워야 할 일들이 더 많다고 대답하려는데 김 변호사가 화제를 돌렸다.

"맞다. 그러고 보니 정은 씨 친구 중에 사장님이 벌써 나왔잖아요? 정은 대리가 1호가 아니네요, 하하. 퇴근하고 개업식 들르기로 했다면서요?"

"거창하게 개업식 같은 걸 하는 건 아니고요. 그냥 친구들이 같이 모여 축하하러 가기로 했어요. 전 매장에 어울릴 만한 화분 하나 들고 가려고요. 대표님, 직원 할인가로 가져가도 괜찮지요?"

학교 다닐 때도 수업보다 맛집을 찾아다니는 걸 더 중요하게 여겼던 친구였다. 셰프가 꿈이라며 다양한 요리 클래스를 거치기도 했다. 잠시 직장 생활을 하는 듯싶었는데 이내 그만두고 꿈을 찾아 나선 것이었다. 매장을 알아보고 개업 준비를 하면서 김 변호사의 사무실에도 들렀던 친구였다. 클레어 역시 안면이 있는 사이였다.

"그 친구 벌써 개업하는군요. 지난번에 우리 회사에서도 많이 배웠다고 하던데 그게 무슨 이야기인지 궁금하네요. 설마 정은 대리가 영업비밀이라도 가르쳐줬나요? 하하, 농담이에요."

"완전히 다른 업종인데 그럴 리가요. 사실은 저도 무슨 말인지 모르겠어요. 일단 와보면 알 거라고만 했거든요. 보고 드릴게요, 그럼."

"아이고, 정은 대리도 너무 진지해서 가끔 탈이라니까. 보고는 무슨 보고예요. 얼른 회사 들어가서 정리하고, 매장에서 예쁜 화분 하나 들고 가줘요!"

빨리 마치라는 이야기를 듣고 회사로 들어왔지만 그럴 수야 없었다. 정말 신기할 정도로 단 하루도 아무 일 없이 넘어가는 경우가 없었다. 갑작스레 준비해놓은 꽃들보다 많은 양이 팔려 판매대가 비는 일 정도는 그저 고마웠다. 배송 중 교통사고가 나서 다음 날 영업 준비에 차질을 빚는가 하면, 현장 직원들이 줄줄이 병가를 내는 바람에 일손이 딸리기도 했다. 건물 수도관이 망가져 식물들이 쫄쫄 굶기도 하고, 한여름에 에어컨이 멎는 바람에 시들어가는 꽃들을 붙잡고 운 적도 있었다. 그나마 오늘은 매장 한 곳의 금전출납기가 작동하지 않는다는 아주 사소한 말썽이었다. 애프터서비스 신청을 하고, 휴대용 카드 단말기를 전달해 저녁 시간 영업을 할 수 있도록 조치했다. 어차피 음식점을 여는 친구도 퇴근 시간 무렵이 제일 바쁠 것 같다고 해 여유 있게 모이기로 약속을 잡았다.

정은은 화분도 가져갈 겸 1호점에서 친구 아영을 먼저 만나 같이 움직이기로 했다. 아무도 모르게 임용고시를 준비했다가 지난해 중학교에 발령받아 모두를 깜짝 놀라게 했던 친구였다. 1호점에 들어서자마자 수선화 한 송이를 손에 들고 바라보는 아영이를 단번에 찾을 수 있었다. 수선화 꽃송이보다 작은 얼굴에 커다란 눈망울이, 누가 봐도 눈에 띄는 외모였다. 부전공으로 교직 과목을 듣는 줄은 알았지만 정말로 선생님이 되리라고는 생각도 못했다. 주변에선 아나운서처럼 방송에 관련된 일을 할 거라고 수군거리기도 했다. 교생 실습을 나갔을 때 남학생들이 너도 나도 좋다며 쫓아다니는 바람에 엉뚱한 고생을 할 정도였으니까. 그래서 선생님이라면 학을 뗄 줄 알았는데, 게다가 과학 선생님이라니 정말 뜻밖이었다. 오랜만이기도 하고 놀라게 해주고 싶은 마음에 정은이는 살금살금 뒤로 다가가 살짝 높은 목소리로 아영이를 불렀다.

"뭐 하세요, 선생님?"

"응, 화분도 예쁘지만 첫날이니까 꽃들도 함께 데려다주고 싶어서."

아영은 전혀 놀라지 않았다. 항상 그런 식이었다. 가냘파 보이는 외모와 정반대로 어떤 일에도 좀처럼 당황하는 법조차 없었다.

"뭐야, 재미없게! 나 오는 거 알았어?"

"여기 진열대가 거울처럼 비치잖아. 매장 들어올 때 보이더라.

수국도 음식점에 잘 어울릴까?"

장난 따위는 아예 안중에도 없다는 듯 나긋나긋한 목소리였다. 체격이 큰 편인 정은과 둘이 있으면 남매처럼 보일 만큼 전혀 다른 스타일이었지만 그래서인지 더 자주 붙어다니기도 했다.

"모르겠네요. 전 그냥 돈 많이 벌라고, 재물을 가져다준다는 금전수로 준비해놨어요. 선생님께서 좋으시면 가져가셔야지요."

"흠, 본사 관리직이라는 분이 그런 것도 모르세요? 여기 고객 불만 사항 접수하려면 어떻게 해요?"

"뭐? 못 산다, 내가 정말. 널 어떻게 이기겠니!"

한바탕 웃음을 함께 하곤 둘은 금전수와 수국 꽃다발을 챙겨 나왔다. 거리가 조금 있기도 하고, 화분이 제법 무겁기도 해서 택시를 탔다.

"이게 얼마 만이야? 학교는 이제 적응됐어? 이야기 좀 해봐. 완전 궁금해 죽겠다니까! 애들은 말 잘 들어?"

"여름방학 연수 기간에 내가 본사 있는 곳까지 찾아가서 만났잖아. 그럼 6개월 만이네. 방학 끝나기 전에 한 번 더 보기로 해놓고 바쁘다고 하는 바람에 못 만났지. 기억 안 나요, 정은 대리님?"

"얘가 진짜 웃으면서 사람 놀리는 건 변하질 않네. 미안하다고, 됐지? 그러니까 요즘은 어떠냐고? 1학기 때만 해도 뭐가 뭔지 잘 모르겠다고 했잖아."

"음, 좋아. 처음에는 이래저래 챙겨야 할 일들이 생각보다 많아서 많이 쫓겼거든. 아이들 가르치는 건 둘째 치고 서류 작업이 필요한 행정업무가 꽤 많더라고. 선생님들끼리는 잡무에 치여 산다고 앓는 소리를 할 정도야. 아이들 성적과 생활기록은 물론이고 행사는 왜 그렇게도 많은지……. 그런데 금방 적응되더라."

"그래? 하여튼 대단하다니까. 애들은? 말썽 부리는 녀석들은 없어?"

"물론 있지. 사춘기 겪을 무렵이니까 크고 작은 차이가 있다 뿐이지. 죄다 말썽쟁이라고 해도 거짓말이 아닐걸?"

"정말? 생각만 해도 머리 아프다."

"그래서 좋아."

"응? 그게 무슨 앞뒤 안 맞는 소리야?"

아영은 실제로 그랬다. 물론 처음엔 교실에서 아이들과 눈을 맞추는 일조차 힘들었다. 수업에 집중하라는 말을 꺼내기도 어려웠다. 학생들은 아직 어른은 아니지만 몸과 마음이 훌쩍 커가는 시기였다. 새로 부임해온 선생님에게 보내는 호기심 어린 눈빛들이 부담스럽기만 했다. 담임을 맡지 않은 것만 해도 천만다행으로 여겼다. 하지만 시간이 흐르면서 바로 그 호기심에서 실마리를 찾을 수 있었다. 아이들이 궁금해하는 일이 있다는 자체가 서로 나눌 이야기가 있다는 것이었다. 유행하는 음악, 화제의 TV 프로그램, 학교 주변에서 벌어지는 크고 작은 일들을 함께 떠들며 아이들과 점차 가까워졌다. 처음부터 가르치려 하기보다는 그런 과정에서 궁금해하는 일들을 먼저 물어오면, 자연스레 짚어줬다. 고민이 깊은 시기였기에 어른들이라면 사소하게 넘길 문제에 부딪혀도 많이들 어려워하고 있었다. 그럴 때 조금만 방향을 보여줘도 알아서 새로운 길을 찾는 아이들이 신기했다. 자기만의 생각이 확고해진 어른들과 달리 얼마든지 변화가 가능한 시기였다. 물론 민감할 대로 민감한 시기인 만큼 유리그릇 다루듯 소중하게 대해야 했다. 그렇지만 그런 만큼 보람도 컸다.

"그렇구나. 그래도 나라면 솔직히 답답할 것 같아. 야, 학교를 초등학교, 중학교, 고등학교, 대학교까지 다녔는데 또 다녀? 진짜 상상도 안 간다니까. 똑같은 아이들을 평생 보는 거 아냐?"

아영은 생각만으로도 질린다는 듯 고개를 절레절레 흔드는 정은을 빤히 쳐다봤다.

"정은 대리님, 날마다 똑같은 꽃들 보는 게 지겨운가 봐요?"

"응? 아니, 얘가 왜 걸핏하면 대리님이래. 꽃들은 다르지! 잘 몰라서 그렇지, 꽃들이 얼마나 다양한데. 장미라고만 부르지만 품종에 따라 색깔이며 모양이며……."

"그러니까, 아이들은 얼마나 그렇겠니?"

아영이 말을 끊었다. 솔직히 정은과 비슷한 걱정을 한 것도 사실이었다. 그런데 막상 교사가 되어 아이들을 만나보니 전혀 그렇지 않았다. 한 명, 한 명 아이들이 가진 색깔은 너무도 뚜렷하게 달랐다. 그런 아이들이 다른 아이들과 어울리며 빚어내는 색깔은 더욱 찬란했다. 아이마다, 반마다, 학년마다 제각각이었다. 학교에 오래 계셨던 선생님들은 시대에 따라서도 달라진다고 했다. 사회가 어떻게 변화하느냐에 따라 아이들이 그 영향을 고스란히 학교에 보여준다는 것이었다. 지루할 겨를이 없을 것이 확실했다.

"선생님 되셨나 봐요. 축하드려요."

가만히 듣고 있던 택시 기사님이 신호등에 걸려 멈춘 틈을 타 느닷없이 끼어드셨다. 그리곤 계속 말을 이으셨다.

"선생님이 최고지! 아이들 미래에 하고 싶은 직업으로 매번 1등으로 꼽히더만요. 나도 우리 애가 선생님 했으면 좋겠다고 했는데, 말을 안 들어. 공부는 잘했는데 대기업 S그룹에 들어가더라고. 얼마나 바쁜지 얼굴 보기도 힘들어요. 뭐 대기업도 나쁘진 않은데 오래 다닐 수나 있을지 걱정이라니까요!"

자식 자랑을 하는 건지, 아영을 부러워하는 건지, 묘한 줄타기를 하는 기사님이었다. 정은은 대충 웃어넘기려고 하는데, 아영이 또 박또박 이야기를 받았다.

"그런 이유 때문에 교사를 선호한다면 너무 단순하게 생각하시는 거예요. 교사가 안정적으로 보이는 건 맞지요. 출퇴근 시간도 분명한 편이고, 방학이면 조금 더 여유롭기도 하고요. 하지만 반대로 대기업에 비해 부족한 점도 많아요. 일단 급여 차이가 엄청 나지요. S그룹이면 초봉으로만 비교해도 교사의 2배가량을 받거든요. 그러니까 교사가 20년 동안 다녀야 벌 수 있는 돈을 10년이면 버는 셈이지요. 회사 차원의 복리후생까지 포함해서 비교하면 차이는 더 날 수도 있을 거예요."

아영의 반론에 정은만 안절부절못했다.

"얘는 뭘 그렇게 따지고 그러니. 기사님이 너 좋으라고 한 말씀인데……."

"응? 내가 뭘? 그게 아니라 사실관계는 정확하게 해야 하는 거 아냐?"

아영은 늘 그렇게 딱 부러지는 걸 좋아했다. 다행히 정은의 걱정과 달리 기사님은 기분이 나빠 보이지 않았다.

"그 말씀도 맞지요. 선생님이 아주 야무지시네, 하하. 근데 아시다시피 요즘 직장인들 장래가 많이 불안하잖아요. 선생님은 그래도 정년까지 큰 걱정 없이 일할 수 있으실 텐데 그것도 무시할 수 없잖아요?"

그러면서 은근슬쩍 다시 반론을 제기하는 것이었다. 물론 아영도 맞받아쳤다.

"장점이지만 그게 얼마나 큰 의미가 있을지 모르겠어요. 100세

시대라고들 하잖아요? 앞좌석쪽에 붙은 기사님 신분증 보니까 예전 같으면 벌써 정년퇴직하셨을 나이지만 아직 일하시네요. 제2의 인생을 살고 계신 걸 수도 있지만요. 조금 빠르고 늦은 차이는 있을지 몰라도 한 직장에서 평생을 마치기는 힘들어진 세상이에요. 게다가 교사만의 어려움도 있어요. 대표적으로 우리나라 사교육이 얼마나 발전했나요? 학교에 있는 선생님들도 뒤처지지 않기 위해 얼마나 노력해야 하는데요. 안 그러면 아이들이 얕잡아봐요. 교재도 개발하고 수업 방식도 늘 고민해야 해요. 저도 관련 과목에 공부를 더 해볼까 하고 있거든요. 과학이 순수 학문 영역이라 단기간에 어떤 도움을 주기는 어렵지만 반대로 사람들의 관심이 덜한 만큼 저만의 경쟁력으로 키울 수 있지 않을까 싶어서요. 안정되고 편한 직장이라는 막연한 기대로 선생님을 꿈꾸는 건 전 반대예요."

논리정연한 아영의 말에 기사님은 두 손을 들 수밖에 없었다.

"아이쿠, 젊은 선생님이 진짜 똑똑하시네! 역시 아무나 선생님 하는 게 아니라니까. 어디 보자, 요 앞 신호등 있는 곳에서 내려드리면 되죠? 오늘 많이 배웠어요!"

정은은 새삼스레 신기하다는 듯 아영을 바라보았다.

"너 교생실습 힘들다며 징징거리던 그 아영이 맞니? 몇 년 사이에 사람이 확 달라진 거 같다?"

"뭐가? 그러는 대리님은 뭐 학생 같은 줄 아시나 봐요? 완전 딴 사람이거든요!"

"야, 너 자꾸 대리님이라고 할래? 하여튼 옛날부터 말로 이겨본 적이 없다니까. 나 화분 들어야 하니까 앞장서라."

"네, 대리님!"

아영은 불현듯 중요한 생각이 이제야 떠올랐다는 듯 목소리를 높였다.

"맞다! 남자친구 합격했다며? 축하해!"

"뭐? 그게 언제인데. 그래, 지난 7월에 만났을 때 다시 시험쳤다고 했잖아. 그때 합격해서 그, 뭐라더라……. 시보 순경으로 근무하고 있지. 수습 같은 건가 보더라. 말이 수습이지 1년 동안 특별한 사고만 안 치면 정식으로 경찰 공무원이래. 진짜 너도 어지간하다. 이제 와서 뜬금없이 축하냐, 진짜 눈물 나게 고맙다."

"알기야 진작 알았지. 축하할 겨를이 없어서 그랬지."

"네네, 선생님 너무 바쁘셔서 문자 한 통 보내기도 어려우셨죠?"

"얘가, 직접 만나서 축하해주고 싶었던 거지. 나는 핸드폰으로 그러는 거 싫더라. 아무튼 이제 바빠서 얼굴 보기도 힘들겠네?"

"그게, 나도 그럴 줄 알았는데 완전 반대야. 은근히 시간이 많더라고. 바빠 죽겠는데 놀아달라고 졸라대서 귀찮아서 어쩔 줄을 모르겠다."

아영은 동그란 두 눈을 더 크게 떴다. 경찰 업무가 힘들다는 건 세상이 다 아는 사실이라 정은의 말을 이해하기 어려웠다. 정은은 이미 처음이 아닌 듯 짧은 한숨을 곁들인 설명을 들려주었다. 시험에 합격한 남자친구는 하필 정은의 집 근처 지구대로 근무지 배정을 받았다고 한다. 근무지는 경찰학교에서 정해주는 것인데 희망지가 마땅히 없다면 주소지 근처로 보내는 게 일반적이라는 것이었다. 가뜩이나 두 사람의 집이 가까웠는데 하필이면 정은이 사는 동네에서 일하게 됐다는 것이었다. 더 중요한 건 근무 방식이었다. 약간씩 차이는 있지만 지구대 경찰은 보통 주간 근무, 야간 근무, 야간 근무가 끝난 날은 쉬고, 그다음 하루를 온전히 휴무하는 방식으로 일한다. 조금 더 자세하게 들여다보면 아침 8시에 출근한 날은 저녁 8시까지 12시간을 일하고, 그다음 날에는 저녁 7시에 나와서 다음 날 아침 9시까지 밤을 새워 일하는 것이다. 그렇게 아침에 퇴근을 한 날은 근무를 했기 때문에 쉬는 것이고, 그다음 날은 하루가 휴일로 주어지는 것이다. 한꺼번에 긴 시간 몰아서 일을 해야 하고 특히 밤에 근무하는 일이 힘들기 때문에 이런 방식의 교대 근무를 채택하고 있는 것이다.

"아휴, 듣기만 해도 힘들다. 낮에 나갔다가 밤에 나갔다, 헷갈려. 공휴일이 따로 있는 것도 아닐 테고. 게다가 한꺼번에 12시간 넘게 일해야 하면 체력도 엄청 딸리겠는걸? 그냥 사무실에 있는 것도 아니잖아. 맡은 지역 순찰도 돌고, 뉴스 보면 밤이면 술 취한 사람들한테 시달리는 일도 정말 많다던데."

아영은 상상하기 힘들다는 표정으로 고개를 절레절레 흔들었다. 하지만 정은의 표정은 정반대였다.

"그러게, 보통 사람이면 그렇겠지. 그런데 너도 알다시피 다른 건 몰라도 걔가 체력 하나는 끝내주잖아. 하나도 안 힘들대. 자기는 도움이 필요한 사람들 돕는 게 너무 좋대. 술 취한 사람이 아무리 그래봐야 얼마나 힘을 쓰겠냐는데 할 말이 없더라."

정은은 아예 깊은 한숨을 내쉬며 이야기를 이었다.

"그러니까 4일 중 2일은 낮부터 시간이 있는 거지. 너도 알잖아? 학교 다닐 때도 틈만 나면 나 찾아와서 도서관 앞에 서 있고 그랬잖아. 딱히 좋아하는 취미 생활 같은 것도 없잖아. 지금도 똑같아. 낮에 피트니스센터 가서 운동 마치고 나면, 그때부터 나만 기다리고 있는 거야. 아주 귀찮아 죽겠다니까!"

심각한 표정인 정은과 반대로 아영은 웃음 폭탄이 터졌다. 어쩔 줄 모르겠다는 듯이 깔깔거리는 것이었다.

"야, 최근 들어 이렇게 웃어본 게 언제인지 기억도 안 난다. 모르는 사람이 들으면 배부른 소리 한다고 하겠지. 남자친구가 체력도 좋아, 시간도 많아, 나만 바라보는 해바라기야. 그런데 막상 많이 귀찮지, 하하하."

"그러게 말이다. 어떻게 하필 직업도 경찰을 골라서 그러는지. 경찰만 아니었으면 스토커로 경찰에 신고했을지도 몰라. 이젠 나도 아예 포기했어, 킥킥."

정은도 웃음 행렬에 동참해 둘은 한참을 깔깔댔다. 벅찬 숨을 겨우 돌린 아영이 다시 물었다.

"진짜 그러고 보니 어떻게 경찰을 할 생각을 했다니? 선배님이 하는 피트니스 센터에서 함께 일한다고 그랬잖아?"

"선배 네에서 아르바이트를 한 거지. 그게 진짜 웃기다니까. 경찰 공무원 시험은 체력 테스트가 아주 중요한가 봐. 그래서 그 피트니스에서 시험 준비하는 학생들에게 개인 교습 비슷한 걸 해줬나 보더라고. 또래들이다 보니 친하게 지내게 됐고, 그러다 자기도 경찰 공무원 시험 준비를 하겠다고 나선 거지. 남자친구는 체력 테스트 준비를 도와주고, 다른 학생들은 남자친구에게 필기시험 준비하는 방법을 알려준 거야. 근데 체력이 국력이라고 하잖아? 그거 진짜더라. 공부도 체력으로 밀어붙이더라고. 어이가 없어서……. 아무튼 남들 2, 3년은 해야 한다는 걸 1년 조금 넘게 준비하더니 합격했어! 한참 공부할 땐 바쁘다고 안 만나주더니. 아휴, 그때가 편했다니까."

"얘가 은근히 자랑질이네. 정은 대리님, 그래서 수갑은 언제 채우신대요?"

"응? 무슨 수갑?"

"결혼반지로 수갑 채워준다고 안 해?"

"꺅! 애가 무슨 소릴 하는 거야!"

호랑이도 제 말 하면 온다더니 정말인 모양이었다. 뒤에서 굵직한 목소리가 불쑥 끼어들었다. 대화의 등장인물인 남자친구였다. 경호원에서 이제는 경찰로 변신한 청년이었다.

"무슨 일입니까? 도와드려요?"

"깜짝이야, 언제부터 따라온 거야? 왜 사람을 놀라게 해!"

"그게 아니라, 뒤에서 보고 반가워서 뛰어왔는데 비명을 지르기에 그랬지……. 아영 씨, 안녕하세요? 오랜만이에요."

늘 그랬듯이 정은이가 조금만 목소리를 높여도 움츠러드는 모양이었다. 두 사람으로부터 주섬주섬 화분과 수국 꽃다발을 받아들며 혼잣말을 삼켰다.

"무거운데 불러서 같이 오지……."

덩치와 어울리지 않는 모습이 아영에게는 재미있기만 했다.

"오랜만이에요. 경찰 시험 합격한 거 축하드려요! 그런데 그렇게 소심해서 범죄자들은 어떻게 상대하세요?"

"무슨 말씀을요. 강한 자에게는 강하게, 약한 자에게는 약하게. 민중의 지팡이가 되고 있습니다!"

금방 기가 살아나려는 걸 정은은 절대 그냥 못 넘겼다.

"얼씨구, 지팡이는 무슨. 약한 자에게는 약하게? 그럼 내가 할머니라도 된단 소리야?"

"그게 무슨 희한한 논리야, 그게 아니라……."

"그럼 다 와서 무슨 생색을 내려고 화분을 뺏어들고 그래?"

"응?"

아무리 봐도 신기한 커플이었다. 그런데 정은의 말에 주위를 둘러보니 세 사람은 한눈에도 새로 문을 연 곳임을 알 수 있는 환한 가게 앞에 서 있었다. 작은 글씨로 '내 몸을 위한'이라고 덧붙인 '삼시 세 끼'라는 간판이 달려 있었다. 오늘의 목적지였다.

쇼윈도 안으로 북적이는 사람들 속에 반가운 얼굴들이 보였다. 대학 시절 가깝게 지내던 친구들이었다. 다들 사회에서 각자의 자리를 찾은 티를 조금씩 내고 있었다. 셰프가 입는 하얀 작업복의 다은이 주인공이었고, 빈틈없는 수트 차림인 증권맨 승호, 다큐멘터리 프로듀서를 목표로 방송국에 들어간 태현, 소프트웨어 프로그래머인 영일이 학교 다닐 때나 마찬가지로 대충 걸친 차림새로 웃고 떠들고 있었다. 학교 다닐 때는 하루 종일 같이 공부하던 친구들이었지만 이렇게 한자리에 모이기는 정말 오랜만이었다.

세 사람이 가게로 들어서자 일제히 호들갑이었다.

"정은이 왔구나!"

"얘, 이게 얼마 만이니. 너 살 빠졌다. 바쁘긴 바쁜 모양이네."

"듣기 좋으라고 하는 소리도 적당히 해라. 스트레스 받아서 잔뜩 먹었더니, 잔뜩 쪄서 힘든데 무슨."

"우리 선생님도 오셨네. 난 아영이가 애들 가르치는 모습이 아직도 상상이 안 간다니까."

"학교 다닐 때 선생님 모습 생각하면 되는데 왜 상상이 안 가?"

"뭐? 하여튼 얘는 진짜."

다들 부산한 와중에 어색한 듯 화분을 들고 서 있던 정은의 남자친구는 주위를 둘러보며 고개를 갸웃했다.

"근데 무슨 음식점이 이래? 삼겹살이라도 먹을 수 있나 하고 왔더니……."

아닌 게 아니라 일반적인 음식점과는 많이 달랐다. 일단 앉을 수 있는 자리가 하나도 없었다. 쇼윈도에 기다란 선반을 붙여놓았지만 의자는 없었다. 중앙에 높다란 원형 테이블 두 개가 있었지만 마찬가지였다. 몇몇이 둘러서서 먹을 수는 있을 듯했다. 한쪽 면에 편의점 냉장칸처럼 생긴 진열대는 거의 텅 비어 있었다. 샐러드처럼 보이는 몇 가지가 남아 있었다. 그나마 나란히 놓인 음료수 냉장고에는 노란색, 주황색, 초록색 주스들이 자리 잡고 있었다. 그렇다고 편의점만은 아닌 것이, 카운터 뒤편은 주방으로 보였다. 정은은 두리번거리는 남자친구의 옆구리를 팔꿈치로 찌르며 눈치를 줬다.

"하여튼 이 인간은 먹는 거라면 삼겹살이 최고지! 좀 가만히 있어."

그 모습에 다은은 뭔가 깨달은 듯 웃음을 지으며 친구들의 시선을 모았다.

"그러지 마, 정은아. 낯선 게 당연하지. 식당이라고만 했으니까. 와서 직접 보는 게 나을 것 같아서 누구에게도 구구절절하게 이야기 안 했어."

"그러게, 우린 다은이 네가 식당을 한다기에, 무슨 브런치나 디저트 같은 거 팔 줄 알았지."

"처음엔 나도 그럴까 했지. 좋아하는 음식들이 따로 있기도 하고. 그런데 사업으로 접근하다 보니 관점이 바뀌더라. 뭔가 특별하고 흔하지 않은 걸 고민하게 됐어."

그렇게 다은이가 주목하게 된 건 1인 가구가 늘어났고, 시간에 쫓기는 직장인들이 많다는 사실이었다. 혼자 먹느라 제대로 먹지 못하기도 하고, 매일 외식을 해야 하는 경제적인 부담도 적지 않아 보였다는 것이다. 그런 사회적 분위기에 맞춰 혼자 간단히 조리해 먹거나, 편의점에서 사먹을 수 있는 식품 판매도 늘어나고 있더라는 것이었다. 그런가 하면 다이어트나 건강을 위한 식단에 관한 관심도 높아보였다고 했다. 그래서 생각해낸 게 간편식과 일반 음식점을 융합한 것이었다. 간단하지만 충분한 영양과 맛을 갖춘 식단을 만들어내는 것이었다. 출퇴근길에 포장해 가서 먹을 수 있거나, 아니면 빠른 시간에 서서 먹을 수 있도록 가게도 꾸민 것이었다.

"그러니까 삼각 김밥이라면 배는 채울 수 있지만 뭔가 허전하잖아? 거기에 '오늘의 수프'로 태국의 똠양쿵이나 헝가리의 굴라슈, 켄터키의 치킨 수프 혹은 제주도 돌미역국만 함께 먹어도 훌륭한 한 끼가 되거든. 건강이나 다이어트를 위해 과일이나 야채로 만든 샐러드도 따로 준비해뒀고. 외부 업체들로부터 공급받을 수 있는 간편식은 그냥 파는 거고, 거기에 나만의 요리를 융합시킨 식단을 만들어내는 거지. 샐러드도 야채랑 과일 자체는 손질해놓은 걸 사 오지만 드레싱은 내가 만들어. 만들어 파는 것들은 레시피도 공개할 거야. 실제 조리하는 모습도 유튜브에 올려놓을 거야. 포장 용기에 QR코드를 붙여서 쉽게 찾아볼 수 있도록 하고. 자연스레 홍보도 하고, 단골손님을 유치하는 거지. 자주 오는 손님들을 위해 여러 번 쓸 수 있는 도시락 용기도 준비해놨어. 출근길에 가지고 갔다가 퇴근길에 돌려주도록 하는 거지. 환경도 생각하고, 마케팅도 되고."

다들 부지런히 고개를 끄덕이며 신기하다는 표정으로 매장을 새삼스레 둘러보았다. 개업 첫날 저녁인데 냉장고가 텅 비어 있는 걸로 봐서는 일단 성공적인 모양이었다.

"사실 정은이네 꽃가게에서도 아이디어를 많이 얻었어. 좋아하는 꽃들을 편의점처럼 직접 골라 사갈 수 있는 것처럼, 음식도 그 렇게 만들어 팔 수 있을 거라고 생각했지. 게다가 꽃들도 음식처럼 유통기한이 짧잖아. 전혀 다른 분야인데 뜻밖에 이런저런 배울 게 많더라고. 고마워, 정은 대리님!"

"아, 뭐 그런 거였어? 어쨌든 대표님한테 영업비밀 알려줬다는 소리는 안 듣겠네, 하하하. 그것보다 박 피디, 이 정도면 뉴스에 내 보내드려야 하는 거 아니야? 새로운 형태의 음식점을 창업한 이십 대 사장님이라고 말이야."

고맙다는 말에 괜히 쑥스러워진 정은이 태현에게로 화살을 돌 렸다.

"글쎄. 생활정보 같은 거 다루는 팀에게 알려줘볼까? 나야 아직 아무것도 모르지. 선배 피디 심부름 하느라 바빠. 시사 프로그램 하고 있는데, 뉴스에 나온 내용들 중에 집중적으로 다뤄야 할 것들 찾아보고, 관련된 사람들 섭외해서 인터뷰하고. 하루가 어떻게 가 는지 모르겠다. 조금 이따가 회사 다시 들어가야 해. 앞으로도 몇 년을 더 해야 내 프로그램 맡고, 그것도 다큐멘터리를 만들 수 있 을지……. 깜깜하다."

아닌 게 아니라 태현은 다른 친구들보다 어딘가 많이 피곤해 보 였다. 화려해 보이는 방송을 만들기 위해 방송 뒤편에서는 얼마나 바쁘게 움직여야 하는지를 표정만으로도 알 수 있게 해주었다.

"음, 그리고 또 큰 도움을 준 사람이 있는데……."

다은이 웬지 살짝 주저하는 듯 말을 꺼내며 바라본 사람은 영일이었다. 또 어찌된 일인지 영일이 역시 친구들의 눈길을 피하며 겸연쩍어했다. 머리를 긁적이며 머뭇거리던 영일이 천천히 입을 열었다.

"그, 뭐냐면, 크게 도움일 것까지는 아닌데. 간단한 빅 데이터 분석으로 메뉴 준비를 조금 쉽게 정하도록 해준 것뿐인데……. 마침 이 근처에 IT 업체들이 많이 모여 있거든. 우리 가게를 이용할 만한 직장인들 숫자가 어느 정도인지, 소득은 얼마나 되는지, 좋아할 만한 메뉴는 어떤지 하는 것들을 남녀 성비에 맞춰 파악해봤어. 일종의 표본집단을 만든 거지. 요즘은 각종 SNS에 맛집 리뷰를 많이 올리잖아. 해시태그 달아놓은 것들은 검색이 쉽게 되거든. 계절에 따라 뉴스나 요리 프로그램들에서도 이런저런 음식들을 소개하고. 거기에다 그러니까 농수산물 도매시장 가격 변동률 같은 것도 반영하고……. 아무튼 그런 식으로 데이터를 만들어서 다은이가 거기 맞춰 메뉴 구성을 할 수 있게 해주는 거야. 별거 아냐."

영일은 대수롭지 않다는 듯이 이야기했지만 다들 입이 쩍 벌어졌다.

"완전 최고인데! 그렇게 얼마나 자주 데이터라는 걸 만들어주는 거야? 보통 일이 아닐 거 같은데?"

"무슨 소리야? 아, 그걸 매번 어떻게 손으로 하겠어. 인공지능 (AI)으로 하는 거지. 내가 회사에서 하는 일이 그거잖아. 빅 데이터 분석하고, 반복적인 업무에 적용해서 자동화시키는 거야. 프로그램을 만들어놓으면 주기적으로 자료를 뽑아줘. 그러다 보니 인공지능이 사람들 일자리를 뺏는다고도 하는데, 난 그렇게 생각 안해. 우리 가게만 해도 그렇잖아. 인공지능과 협업해서 새롭고 더좋은 서비스를 만들어내는 거지, 누구의 일도 빼앗지 않았잖아. 이제 한 달 정도 매출이 어떻게 나오는지 분석해서 반영시키면, 고객의 수요와 우리 쪽 공급이 보다 정확하게 맞아떨어질 수 있을 거야. 별거 아니야."

"대박이다!"

누구랄 것도 없이 감탄하고 있는데 정은의 남자친구만 어쩐지 수차례 고개를 갸웃거렸다. 다들 눈길을 보낼 만큼 눈에 띌 정도였다. 정은이 가만히 있을 리 없었다.

"왜, 이해가 잘 안가? 뭐가 어려운데?"

"아니, 그게 아니라……. 영일 씨라고 했죠? 초면에 실례인데요. 말씀하시면서 세 번이나 '우리'라고 하시더라고요. 정은이에게 별다른 이야기 들은 게 없어서. 동업하시는 가게인가요?"

"뭐? 그게 정말이야?"

이번엔 모두의 시선이 다은과 영일에게로 쏠렸다. 정은의 남자친구를 빼고는 다들 같은 학교 동기들이었다. 하지만 동업이라는 이야기는 들은 적이 없었다. 게다가 두 사람은 뭔가 묘한 표정으로 미소를 짓고 있었다. 가까이 다가간 둘은 서로의 손을 잡았다. 다은이 입을 열었다.

"경찰 맞으시네요. 사실 개업식 같은 거 하려고 다들 시간 맞춰 와달라고 한 거 아니야. 보다시피 모여 앉아 이야기할 만한 장소도 못 되고……"

다시 잠시 숨을 고른 다은이 충격적인 발표를 했다.

"우리 다음 달에 결혼할 거야. 그래서 오늘 저녁 사려고! 이렇게 한 사람도 빠짐없이 와줄 줄은 몰랐네. 아니, 정은이 남자친구까지 오셔서 인원이 늘었어. 그건 우리 신랑님이 틀렸네, 하하! 어쨌든 요 앞 식당에 예약해놨으니까 가게 정리하고 같이 움직이자. 숨은 맛집이야."

잠시 정적이 흐르더니 비명에 가까운 소리들이 터져 나왔다.

"뭐라고!"

"아니 둘이 언제 사귄 거야? 말이 돼?"

"요 앙큼한 계집애야! 뭐야, 말도 안 돼. 싫어, 아니 영일이가 싫다는 게 아니라……"

"미치겠다. 니들 뭐야?"

"다은이, 너 가만 안 둘 거야. 이리 와!"

난리법석을 떠는 사이에 기특하게도 둘의 관계를 밝혀낸 경찰 남자친구는 정은에게 속삭였다.

"우리 그럼 삼겹살 먹을 수 있는 거야? 윽!"

물론 대답 대신 옆구리만 쥐어박혔지만.

떠들썩한 저녁식사를 마치고 정은과 남자친구는 집으로 향했다.

"삼겹살은 아니었지만 배부르게 잘 먹었다! 요리 잘하는 친구라서 맛집도 잘 찾나 봐? 그 무슨 새우랑 이런저런 야채 버무린 게 감바스던가? 그리고 가지 튀김 요리도 처음 먹어봤는데 맛있더라. 양이 많지 않아서 먹는 게 좀 감질나긴 하더만."

흥이 깨질 않는지 남자친구는 혼자 신이 나서 중얼거렸다.

"그거밖에 생각나는 게 없어, 오늘?"

"글쎄. 몇 년 사이에 다들 각자의 자리를 찾아 열심히 지내고 있는 것 같아서 보기 좋더라. 그런 친구들이 안심하고 생활할 수 있도록 민중의 지팡이로서 열심히 지켜줘야지, 하하."

"웬 자화자찬? 그거 말고 두 사람 보면서 뭐 느낀 거 없어?"

"느낀 거? 둘이 잘 어울리던데? 컴퓨터 하는 친구는 엄청 똑똑한 것 같더라."

"그리고?"

"그리고 또 뭐? 아, 결혼하면 맛있는 거 많이 해주겠지? 좋겠다!"

"뭐야? 그래, 내가 너한테 뭘 기대하겠어."

"응? 뭐가 또 있어?"

"됐다고, 이 멍청아!"

고개만 갸웃거리는 듯하던 경찰이 된 청년은 살짝 속도를 늦춰 정은이를 뒤따라가며 주머니를 뒤적거렸다. 무언가 중요한 걸 찾은 듯 주머니 안에서 손을 꼭 쥐는 모습이었다. 다시 따라와서 나란히 걸으며 싱글벙글거리는 남자친구의 모습에 정은은 기가 막힌 듯 웃고 말았다.

"웃는 얼굴에 침 뱉을 수도 없고. 그런데 넌 뭐가 그렇게 좋아?"

"응, 그런 게 있어. 정은아, 난 네가 멍청이라고 하면 그 말이 왜 그렇게 좋을까? 너만 바라보는 바보라서 그럴까? 윽!"

다시 한번 옆구리만 세게 찔린 청년이었다.

십대도 꼭 알아야 할
진로와 경제활동 이야기

교사, 경찰, 방송국 PD, 소프트웨어 개발자, 음식점 자영업자, 중소기업 직원……. 이번 챕터에서는 다양한 몇 가지 직업을 소재로 삼아봤습니다. 청소년들이 앞으로 하고 싶은 일을 찾는 데 작은 도움이라도 될까 해서요. 그중에는 인기 직업으로 꼽히는 것들도 있고, 조금은 관심을 덜 받는 것들도 있었지요. 세상에는 너무나 많은 직업들이 있고, 계속해서 새로운 직업들이 만들어지고 있습니다. 그런 만큼 구체적으로 어떤 직업을 추천하기 위해 고른 것들은 아닙니다. 다만 장단점을 생각해볼 수 있도록 도와주고 싶었어요. 꼭 그 직업이 아니더라도 관심 있는 다른 분야에 응용해볼 수도 있겠지요.

먼저 교사와 경찰을 살펴볼까 합니다. 둘 다 공통적으로 꼽을 수 있는 사실은 안정적인 직장이라는 것입니다. 두 직업 모두 특별한 일이 없는 한 정해진 정년까지 일할 수 있는데요. 여기에는 그럴 만한 이유가 있습니다. 국가와 사회를 유지하는 데 필수적인 기능을 담당하고 있다는 것입니다. 미래 사회의 구성원을 키우고, 사회를 지키는 일을 하잖아요. 국가의 기반을 이루는 공적 역할이지요. 그러니 기반이 흔들리지 않도록 하기 위해서는 이들의 안정적인 생활을 보장해줘야 합니다. 여러 분야의 공무원이 같은 이유에서 비슷한 대우를 받습니다. 이런 이유 때문에 직업으로서의 선호가 높지요. 대신 아영 선생님이나 경찰 청년의 이야기에서 알 수 있듯이 적성에 맞지 않으면 일을 하는 자체가 힘듭니다. 또한 기존 질서를 유지하는 쪽이지 새로운 시장 영역을 개척해 수익을 많이 내는 일은 아닌 만큼 상대적으로 소득이 낮은 편이기도 합니다.

소프트웨어 개발자는 어떨까요? 새로운 세상을 열어가는 데 앞장선 직업이지요. 사람들이 불편해하는 것들 혹은 모르고 있는 것들을 찾아 편리하게 해주는 겁니다. 보람도, 재미도 따르겠지요. 요즘, 아니 앞으로도 한참 일손이 많이 필요할 업종이고요. 당장 우리 생활에서 스마트폰만으로도 할 수 있는 일들이 늘어나고 있잖아요. 그런데 그럴수록 줄어드는 직업들도 많아질 겁니다. 단순 반복적인 업무는 인공지능(AI)이 쉽게 대체하겠지요. 지금은 전문적이고 기술적인 것처럼 여겨지는 일들조차 그렇게 될 수 있을 겁니다. 이미 일어나고 있는 현상이에요. 직접 상담원을 만날 필요 없이 보험 가입을 할 수 있다는 광고를 접한 적이 있을 거예요. 인터넷의 발달 덕분입니다. 많은 사람들이 스마트폰으로 은행 업무를 보고 있기도 한데요. 이런 경우라면 은행이라는 공간에서 일하는 은행원들의 일이 줄어드는 겁니다. 식당에서도 사람이 아니라 키오스크(KIOSK)라는 기계로 음식 주문을 받는 곳들이 늘고 있지요. 버스 같은 대중교통도 무인 자동차로 움직이는 시대가 올 겁니다. 모두 관련된 일자리들이 점점 줄어드는 겁니다.

물론 그만큼 새로 생기는 직업들도 있을 겁니다. 수요와 공급의 법칙을 직업에도 응용해볼 수 있어요. 좋은 대우를 받는 직업은 어떻게 찾아야 할까요? 새롭게 많은 인력을 필요로 하는, 수요가 많은 쪽을 찾아야겠지요. 어떤 일들이 그럴까요? 미래를 짐작하는 일이 쉽지는 않지요. 그럴 땐 사라지는 직업들의 이유를 거꾸로 생각해보는 겁니다. 그러니까 AI나 기계로 대체가 불가능한 일들이 각광을 받겠지요. 미래의 일이니 구체적으로 무엇이냐고 묻지는 마세요.

그렇다고 지금의 일들이 모두 바뀌는 건 아닐 거예요. 예를 들어 교사라는 직업 역시 원격 수업으로 인해 수요가 줄어들 것이라는 전망도 있습니다. 하지만 선생님이 꼭 특정 과목을 가르치는 일만 하는 건 아니잖아요. 청소년기를 지나 사회의

한 몫을 담당할 수 있는 어른으로 자라도록 돕는 것도 매우 중요하지요. 그런 쪽에 무게를 둔다면 미래에도 변치 않고 안정적인 직업일 수 있겠지요. 때로는 어떤 방식으로 일을 하느냐에 따라 기존 직업들 중에도 여전히 수요가 줄어들지 않을 수도 있다는 거예요.

변화하는 시대의 한 축으로 미디어가 있습니다. 스마트폰 화면으로 무언가를 들여다보지 않는 날을 생각하기 어렵지요? 그래서 방송국 PD를 등장시켜보았어요. 전통적으로는 TV나 라디오의 프로그램을 기획하고 연출하는 일을 담당했지요. 어떤 프로그램이냐에 따라 구체적으로 하는 일들이 너무 다르답니다. 유명 연예인들을 섭외하여 예능 프로그램을 만들기도 하고, 소규모 제작진과 함께 사회 현상을 다루는 뉴스나 다큐멘터리를 만들기도 합니다. 그런데 이제는 이런 일들이 PD들만의 일이 아니게 됐어요. 미디어라고 불리는 매체들이 갈수록 늘어나고 있기 때문인데요. 유튜브가 대표적이잖아요. 유튜브 크리에이터는 PD이면서 출연자이기도 한 새로운 직업이지요. 정보와 지식, 재미를 전달하는 미디어의 역할은 앞으로도 점점 커져갈 겁니다. 종사하는 사람들이 늘어나고 관련해서 어떤 일들이 생길지 모르구요. 지금의 PD라는 역할만으로 설명하기 어려운 상황도 더 많아질 겁니다.

이전 장에서는 클레어의 회사를 중심으로 창업을 다루었지요. 하지만 다은의 음식점처럼 소규모 자영업이 직업으로서는 더 일반적일 거예요. 개인 사업자로서 자신의 능력과 장점을 발휘하는 거지요. 다은이 역시 클레어와 마찬가지로 예나 지금이나 흔하게 찾을 수 있는 사업 아이템을 골랐습니다. 그러나 조금 다른 접근 방법으로 새로운 길을 열었지요. 물론 어디까지나 가상의 음식점이지만 AI라는 새로운 기술을 접목하고, 혼자 사는 사람들이 늘어난다는 시대상을 반영해 그만의 블루오션을 찾아낸 겁니다. 청년 사업가로서의 길을 택한 것이지요.

마지막으로 중소기업에 취직한 정은의 경우 창업과 취업의 중간 단계라고 봐도 좋을 거예요. 정은이 애초에 고려했던 것처럼 회사와 함께 성장해나갈 수도 있고, 쌓은 경험으로 자신만의 사업을 펼칠 수도 있겠지요. 실제로 취업을 준비하는 많은 사람들이 대기업을 바라보는 것이 현실이지만, 중소기업만이 가진 장점은 따로 있거든요. 남들 다 가는 쪽으로만 향하면 그곳이 오히려 레드오션일 가능성도 있는 거예요. 의외로 남들이 피하는 곳에 블루오션이 펼쳐질 수 있구요. 물론 적극적으로 임할 때 그렇겠지만요.

　　앞서 밝혔듯이 4장에서 소개한 직업들은 그 자체를 살펴보는 게 목적이 아니었어요. 어떤 일을 꿈꾸던 그 일이 가진 장단점을, 특히 변화하는 시대 상황에 맞춰 바라보는 방법을 찾아본 거지요. 세상에서 흔히 좋다고 말하는 직업들이라고 해도 모든 사람에게 그런 건 아니거든요. 그리고 지금 당장 원하는 일을 찾을 수 없다고 고민할 필요도 전혀 없어요. 아직은 짐작도 할 수 없는 일이 실제 경제활동으로 이뤄지는 세상이거든요. 게다가 세상이 너무나 빠르게 변하고 있거든요. 그러니까 그보다는 자신이 어떤 걸 원하고 어떤 재능이 있는지를 찾는 게 우선일 겁니다. 그것들을 연결해 나가다 보면 자신에게 꼭 맞는 일에 다다를 거예요.

내일을 준비하는 십대를 위한
양지열 변호사의 특별 상담소

Q 설레는 마음을 안고 첫 출근을 했는데, 사장님이 계약서를 쓰지 않으려고 해요. 계약서를 쓰지 않아 저에게 불이익이 생길 일은 없을까요?

근로계약서는 근로자라면 누구나 써야 합니다. 해야 할 일과 급여를 비롯한 자신의 근로 조건을 명확하게 알아야 안심하고 일할 수 있겠지요. 또한 회사에서 근로자로서의 권리, 의무도 알 수 있을 거예요. 그래야 생활을 안정적으로 유지할 수 있고, 부당한 업무 지시를 받지 않을 수도 있을 겁니다. 사용자 역시 근로자가 지켜야 할 일들을 명확하게 해놓으면 안정적으로 사업을 운영할 수 있을 테고요. 그래서 근로기준법은 근로계약을 체결할 때 근로계약서를 작성하도록 하고 있습니다. 일차적으로 사장님에게 근로계약서 작성과 교부의 책임을 부여하고 있지요. 만약 근로계약서를 작성하지 않으면 근로자는 지방노동청에 진정을 제기할 수 있습니다.

Q 수습기간 3개월 동안에는 급여가 80%만 지급된다고 해요. 이건 법적으로 아무 문제가 없는 건가요?

구인 공고를 보면 수습기간 동안에는 원래 급여보다 다소 적게 지급한다는 내용을 흔하게 볼 수 있습니다. 정식 업무를 하기 이전에 일을 배우고 익히는 기간이기 때문에 그런 것인데요. 이것은 법으로도 정해져 있는 내용이에요. 다만 요건이 있습니다. 간단히 정리하자면, 1년 이상의 근로계약을 체결하면서 수습기간이 3개월 이내인 경우에는 최저 임금의 90%까지 지급할 수 있다는 겁니다. 이 3가지 요건에 해당되는지 한번 따져보길 바랍니다. 설령 급여의 80%라고 할지라도 그 금액이 최저임금의 90%보다 많다면 법을 어긴 것은 아니랍니다.

Q 계약서에 퇴사 한 달 전에 미리 말해야 한다고 적혀 있어요. 만약 이를 지키지 않았을 경우, 손해가 발생하면 제가 배상해야 한다던데 맞나요?

사회생활에서 개인은 원칙적으로 자기 의사에 따라 자유로이 계약을 맺을 수 있는 계약자유의원칙을 따릅니다. 누구와 어떤 내용으로, 어떤 방식으로든지 계약을 체결할 수 있다는 겁니다. 하지만 회사와 근로자는 사실 대등한 위치에 있다고 보기 어렵지요. 그래서 근로계약에는 근로기준법 같은 특별법을 우선 적용합니다. 근로기준법은 계약기간이 남아 있는데도 근로자가 일을 그만두는 바람에 회사가 손해를 입었다는 이유로 손해배상을 청구하는 것을 금지하고 있습니다. 계약서에 그런 내용을 넣는 것도 안 되고요. 만약 이를 위반하면 회사가 벌금을 내야 합니다. 사정이 생겨서 일을 그만둬야 하는데도 계약 때문에 어쩔 수 없이 회사에 나가야 한다면 강제로 일을 해야 하는 것과 마찬가지니까요.

Q 사장님이 급여일이 지났는데도 월급을 주지 않아요. 어느 곳에서 **도움을 받을 수 있을까요?**

우선은 어떤 사정 때문에 급여를 지급하지 않는지 사장님께 물어보세요. 지급할 의사가 있는데 일시적인 사정 때문에 늦어지고 있을 수 있으니까요. 그럴 경우 언제까지 반드시 지급하겠다는 내용이 적힌 '지불각서'를 받으시기 바랍니다. 금액과 지급 예정 날짜가 적힌 문서에 사장님이 서명이나 날인을 하면 됩니다. 정해진 날짜가 지났는데 또다시 미뤄지면 이후 다른 절차를 밟는 데 도움이 되거든요.

만약 처음부터 지급 의사가 없는 경우라면 지방노동청이나 고용노동부를 통해 도움을 받을 수 있습니다. 사장님과 서로 조정을 해서 원만하게 갈등을 해결하도록 도움을 주고, 여의치 않을 경우 근로감독관을 배정해 법적 절차를 밟도록 합니다. 임금을 지급하지 않으면 근로기준법에 따라 형사처벌을 할 수 있거든요. 이후 민사소송 등을 통해 밀린 임금을 지급받을 수 있습니다. 지방노동청의 경우에는 대한법률구조공단과 연계해서 필요한 법률 서비스를 받을 수 있도록 해주니, 이 점도 알아두면 좋겠지요?

Q 업무 중 저의 과실로 회사에 손해를 끼쳤어요. 어떻게 배상해야 하나요?

회사와 근로자는 근로계약의 양쪽 당사자이지요. 근로자가 업무를 제대로 이행하지 못해서 혹은 불법을 저질러서 회사에 손해를 끼쳤다면 배상할 책임이 있습니다. 다만 회사는 근로자에게 일을 시켜 경제적 이익을 얻고 있었기에, 일을 하는 과정에서 끼친 손해 전부를 근로자에게만 배상하게 하는 것은 가혹할 수 있습니다. 따라서 법원은 손해의 공평한 부담을 위해 어느 정도 책임을 제한하고 있는데요. 근로자의 지위, 근로자의 과실 정도, 손해를 예방하기 위한 회사의 조치 같은 것들을 고루 따져 구체적인 손해배상액을 정합니다. 최근엔 가벼운 과실이라면 손해배상 청구를 아예 인정하지 않고, 중대한 과실이더라도 회사의 책임을 함께 따져 손해배상액을 감액하는 경향입니다.

Q 저는 한 개인 카페에서 평일 아르바이트생으로 근무하고 있어요. 월요일부터 금요일까지, 하루에 8시간씩 근무를 하는데 저도 휴가를 쓸 수 있을까요?

연차나 유급 휴가는 정규직이 아니더라도 사용할 수 있습니다. 근로기준법은 1년간 80% 이상을 출근한 근로자에게 15일간의 유급휴가를 보장해주고 있거든요. 평일에 8시간씩을 일했다면 아르바이트생이라도 당연히 휴가를 쓸 수 있는 겁니다. 계속 근무한 기간이 1년 미만이라고 할지라도 1개월 개근하면 1일은 휴가를 쓸 수 있는 것이 원칙입니다. 다만 한 가지 제약이 있는데요. 법적으로 휴가를 보장하는 것은 5명 이상이 상시 근무하는 사업장에 한해서랍니다. 그러니까 상시 근로자 수를 먼저 따져봐야겠네요.

Q 헬스클럽에서 트레이너로 근무하고 있어요. 무거운 기구들도 많다 보니, 항상 다칠 위험이 있는데요. 일하다 다치면 보상을 받을 수 있을까요?

근로자로 인정받아 산재보험의 대상이 된다면 보상받을 수 있어요. 산재보험은 국가가 위험한 일을 하는 근로자를 보호하기 위해 운영하는 사회보험이거든요. 평소 사업주로부터 일정한 보험료를 받아 마련한 기금으로 운영하는데요. 그러니까 취업을 할 때 사장님에게 산재보험 혜택을 받을 수 있는지 먼저 알아봐야 합니다.

혹시 물어보지 않았다면 자신이 근로자로서 일을 하고 있는지 따져봐야 해요. 출퇴근 시간이 정해져 있고, 사장님이 시키는 일을 하면서, 정해진 월급을 받는 사용종속관계라면 근로자로 인정받을 가능성이 높습니다. 하지만 회원들을 독자적으로 관리하면서 헬스클럽이라는 장소만 이용하는 자유직업으로 계약을 한 것이라면 근로자가 아니겠지요. 그럴 경우에는 산재보험 대상이 아니므로 보상받기 어렵습니다.

Q 사장님이 별다른 이유를 설명해주지 않은 채 그만두라고 했어요. 저는 그만두고 싶지 않았는데, 이대로 그만둬야 하나요?

사장님이 일방적으로 해고했다는 말이군요. 상시 근로자 수가 5명 이상인 사업장이라면 정당한 이유 없이 일방적으로 근로자를 해고할 수 없습니다. 회사 사정이 너무 어렵다거나, 근로자가 질병에 걸려 일을 할 수 없는 경우 또는 업무에 필요한 능력이 전혀 없는 경우처럼 분명한 이유가 있어야 합니다. 하지만 그런 경우라고 할지라도 사장님은 해고 사유와 해고 시기를 서면으로 근로자에게 알려줘야 합니다. 적어도 30일 전에는 이를 예고해줘야 하며, 그렇지 않을 경우 30일 이상의 임금을 지급해야 합니다. 명백한 이유 없이 갑자기 그만두라고 했다면 이는 부당해고에 해당할 가능성이 높습니다. 부당해고인 경우, 3개월 이내에 관할 노동위원회에 구제 신청을 할 수 있습니다.

Q 1년을 근무하다가 얼마 전 퇴사했는데 회사에서 퇴직금을 주지 않아요. 이런 경우에는 어떻게 해야 하나요?

퇴직금은 사용자가 임금 일부를 지급하지 않고 모아 두었다가 근로자가 1년 이상 근무한 다음 퇴직할 때 한꺼번에 주는 겁니다. 그러니까 원래부터 근로자가 받았어야 할 임금인 겁니다. 임금인 만큼 근로기준법의 다른 경우와 달리 상시 근로자수와 상관없이 모든 사업, 사업장에 적용합니다. 퇴직금 청구권을 미리 포기하

거나 민사상 소송을 제기하지 않겠다는 식의 약속을 하는 것도 무효입니다. 임금

미지급의 경우와 마찬가지로 지방노동청 민원실에 진정서를 제출해 민원을 제기

하거나 고용노동부 인터넷 홈페이지를 통해서도 할 수 있습니다.

십대, 뭐 하면서 살 거야?

청소년의 진로와 경제활동에 대한 지식소설

ⓒ 양지열, 2020

초판 1쇄 발행일 | 2020년 6월 8일
초판 3쇄 발행일 | 2021년 9월 20일

지은이 | 양지열
펴낸이 | 사태희
편 집 | 유관의
디자인 | 권수정
마케팅 | 장민영
제작인 | 이승욱 이대성

펴낸곳 | (주)특별한서재
출판등록 | 제2018-000085호
주 소 | 04037 서울시 마포구 양화로 59, 703호 (서교동, 화승리버스텔)
전 화 | 02-3273-7878
팩 스 | 0505-832-0042
e-mail | specialbooks@naver.com
ISBN | 979-11-88912-77-3 (44080)
       979-11-88912-13-1 (세트)